六祖壇經

全—本—全—注—全—译

中华文化讲堂 注译

傅志咏 修订

团结出版社

图书在版编目（CIP）数据

六祖坛经 / 中华文化讲堂注译. —— 北京：团结出版社，
2016.11

（谦德国学文库）

ISBN 978-7-5126-4603-2

Ⅰ.①六… Ⅱ.①中… Ⅲ.①禅宗—佛经—中国—唐代
②《六祖坛经》—注释③《六祖坛经》—译文
Ⅳ.①B946.5

中国版本图书馆CIP数据核字(2016)第266641号

出版：团结出版社

（北京市东城区东皇城根南街84号 邮编：100006）

电话：(010) 65228880　　65244790　（传真）

网址：www.tjpress.com

Email：65244790@163.com

经销：全国新华书店

印刷：三河市富华印刷包装有限公司

开本：148×210　1/32

印张：5.25

字数：230千字

版次：2017年5月　第1版

印次：2025年2月　第10次印刷

书号：978-7-5126-4603-2

定价：36.00元

《谦德国学文库》出版说明

人类进入二十一世纪以来，经济与科技超速发展，人们在体验经济繁荣和科技成果的同时，欲望的膨胀和内心的焦虑也日益放大。如何在物质繁荣的时代，让我们获得内心的满足和安详，从经典中获取智慧和慰藉，或许是我们不二的选择。

之所以要读经典，根本在于，我们应当更好地认识我们自己从何而来，去往何处。一个人如此，一个民族亦如此。一个爱读经典的人，其内心世界必定是丰富深邃的。而一个被经典浸润的民族，必定是一个思想丰赡、文化深厚的民族。因为，文化是民族之灵魂，一个民族如果不能认识其民族发展的精神源泉，必定就会失去其未来的生机。而一个民族的精神源泉，就保藏在经典之中。

今日，我们提倡复兴中华优秀传统文化，当自提倡重读经典始。然而，读经典之目的，绝不仅在徒增知识而已，应是古人所说的"变化气质"，进一步，是要引领我们进德修业。《易》曰："君子以多识前言往行，以畜其德。"实乃读经典之要旨所在。

基于此理念，我们决定出版此套《谦德国学文库》，"谦德"，即本《周易》谦卦之精神。正如谦卦初六爻所言："谦谦君子，用涉大川"，我们期冀以谦虚恭敬之心，用今注今译的方式，让古圣先贤的教诲能够普及到每一个人。引导有心的读者，透过扫除古老经典的文字障碍，从而进入经典的智慧之海。

　　作为一套普及型的国学丛书，我们选择经典，不仅广泛选录以儒家文化为主的经、史、子、集，也将视野开拓到释、道的各种经典。一些大家所熟知的经典，基本全部收录。同时，有一些不太为人熟知，但有当代价值的经典，我们也选择性收录。整个丛书几乎囊括中国历史上哲学、史学、文学、宗教、科学、艺术等各领域的基本经典。

　　在注译工作方面，版本上我们主要以主流学界公认的权威版本为底本，在此基础上参考古今学者的研究成果，使整套丛书的注译既能博采众长而又独具一格。今文白话不求字字对应，只在保证文意准确的基础上进行了梳理，使译文更加通俗晓畅，更能贴合现代读者的阅读习惯。

　　古籍的注译，固然是现代读者进入经典的一条方便门径，然而这也仅仅是阅读经典的一个开端。要真正领悟经典的微言大义，我们提倡最好还是研读原本，因为再完美的白话语译，也不可能完全表达出文言经典的原有内涵，而这也正是中国经典的魅力所在吧。我们所做的工作，不过是打开阅读经典的一扇门而已。期望藉由此门，让更多读者能够领略经典的风采，走上领悟古人思想之路。进而在生活中体证，方能直趋圣贤之境，真得圣贤典籍之大用。

经典，是古圣先贤留给我们的恩泽与财富，是前辈先人的智慧精华。今日我们在享用这一份恩泽与财富时，更应对古人心存无尽的崇敬与感恩。我们虽恭敬从事，求备求全，然因学养所限、才力不及，舛误难免，恳请先贤原谅，读者海涵。期望这一套国学经典文库，能够为更多人打开博大精深之中华文化的大门。同时也期望得到各界人士的襄助和博雅君子的指正，让我们的工作能够做得更好！

团结出版社

2017年1月

前 言

　　《六祖坛经》是中国佛教和禅宗的珍贵典籍，又称《坛经》、《六祖大师法宝坛经》，是由佛教禅宗第六代祖师惠能讲述，弟子法海等人集录的一部经典。《六祖坛经》是一本六祖惠能大师的传记，记载了六祖一生遇法、得法、传法的事迹和引导弟子的言教。原典有大约两万余字，虽然被称为"中国第一部白话文学作品"，但依然有着文言文的行文措辞风格。此书被视为佛学禅宗的无上宝典，是研究禅宗思想渊源的可贵依据，开启了宋明两代理学思想，是蕴含中华文化博大精神的重要典籍。

　　大约在南北朝梁武帝时期，达摩祖师来到中国，成了中国禅宗的第一代祖师。达摩将衣钵传给了二祖慧可，又经过代代传承，传给了唐朝的第六代禅宗祖师惠能大师。六祖惠能大师是中国佛教史上一位传奇人物，作为一个年轻的白衣居士，他被禅宗五祖弘忍大师破例授予衣钵，成为中国禅宗第六代祖师。作为一个出身贫苦、目不识丁的"文盲"，他却以豁然顿悟的能力创造出禅宗的辉煌，成为中国佛教史和思想史上最具创造力的大师。他打破了崇拜和追随外来经书的惯例，树立了中国人的学佛自信心，并将这部著作破例称为"经"，成为中国佛教经典著作。他在离开肉身之时，不受生死的约束，毅然示现涅槃相，令真身至今犹存，成为人类历史上的一个奇迹。《六祖坛经》正是一部反应六祖惠能大师佛学思想，阐述人人皆有佛性，主张自悟自修、无念无住，了悟生命真谛的智慧宝典。

《六祖坛经》共分为十品：第一行由品是惠能大师自述身世，并讲述从听闻《金刚经》到求法、得法和弘法的经历。第二般若品是惠能大师开演摩诃般若波罗蜜多的法义："若识得自性般若，即是见性成佛"。第三决疑品是惠能大师解释为何梁武帝建寺设斋却了无功德，并揭示了在家修行的方法。第四定慧品集录惠能大师开示"定"和"慧"的法义，并强调"无念为宗，无相为体，无住为本"。第五坐禅品记述惠能大师开示修习禅定的妙义，外离相为禅，内不乱为定，因此人于念念中，自见本性清净，自修自行，自成佛道。第六忏悔品收录惠能大师为来山听法的信众传授"自性五分法身香"和"无相忏悔"，说明四弘誓愿与无相三皈依戒等。第七机缘品讲惠能大师得法后，在曹溪弘化，与八方人士结缘。第八顿渐品是惠能大师开示"南能北秀"所教戒定慧的差异，说明"法无顿渐，人有利钝"。第九护法品记载太后和唐中宗尊崇六祖、护持佛法的情形。第十付嘱品是惠能大师临涅槃时，教导弟子们用三科三十六对来说法，并记录大师迁化的经过。

六祖惠能大师为了免除后人为了衣钵而生出是非纠纷，涅槃前就不再以衣钵作为传法的信征，这一做法反而令南派禅宗流传更广。得到他传法的人，竟有四十三人之多，对南宗禅的传播和发扬光大，有着不可磨灭的功劳。我们由衷地佩服大师的睿智，使得法脉长流，普照三千。

纵观《六祖坛经》的核心思想，是以性空、无所得为基础，一切众生心中皆有佛性，只因妄想、无明、执著而不得显现。在认识到心中本具佛性的前提下，以无相、无住、无念的修证方法，明心见性，成就般若。《六祖坛经》中的禅学思想是宋明理学家借鉴的重要源头之一，为儒家文化的发展做出贡献。宋明理学们充分吸取《六祖坛经》中的思想，运用到气学、理学和心学中，特别是王阳明先生的"知行合一"论，与六祖惠能大师的学说有直接联系。道教的"知行观""定慧双修观"等都不同程度的受到《六祖坛经》中禅学思想的影响。钱穆先生甚至把此书与《论语》《老子》相提并论，放在同等重要的位置上。

《六祖坛经》后来被翻译成德文、法文、西班牙文、日文、韩文等世界多国语言，传播到全世界，并使禅文化，成为海内外的特殊纽带。《六祖坛经》倡导的人间佛教，主张和谐相处的思想和传统，为营造和谐社会提供了精神支柱。

今天，学禅已经在全世界成为潮流，回归与澄静自己的内心，成为现代快节奏生活的一大释放渠道，坐禅、行禅、生活禅都成为重要的修行方法。禅境不可思议，它是常乐我净的状态，它是人生的一道智慧之光，它是我们的本心和佛性。

由于历代辗转抄经，《六祖坛经》的版本较多，体例互异，内容也有所不同。我们这次注释的版本，释译以通行本为底本，为了帮助读者理解《六祖坛经》，本书将原典逐文翻译成白话，并对一些佛学专有词汇加了注释，适合不同读者阅读。其中不妥之处，敬请各位读者指正。

目 录

行由品第一

【题解】六祖说法一开始就提出全书的总纲："菩提自性，本来清净。但用此心，直了成佛。"惠能大师明确地说：自性就是佛性。作为佛性，它本来就是清净无染的。这个清净无染的自性也就是我们成佛的依据。所以"但用此心"，就可以"直了成佛"。但一般人却把众生与佛对立起来，认为二者相差何止十万八千里。其实"心、佛、众生，三无差别。"只是由于众生受到无始以来的无明遮障，所以才蒙蔽了本来自性。只要我们远离无明妄念，清净自性就自然会显现出来。所以六祖启示我们：学佛习禅并不是向外追求，而是要向内寻求，了达本来清净的自性。一旦认识了本性，也就认识了佛性，便可顿悟成佛。

时①，大师至宝林②，韶州韦刺史③与官僚入山，请师出。于城中大梵寺讲堂，为众开缘说法④。师升座次，刺史、官僚三十余人，儒宗学士三十余人，僧尼、道俗一千余人，同时作礼，愿闻法要⑤。

大师告众曰："善知识⑥，菩提自性⑦，本来清净，但用此心，直了⑧成佛。善知识，且听惠能行由得法事意。"

惠能严父，本贯范阳⑨，左降流于岭南，作新州⑩百姓。此身不幸，父又早亡，老母孤遗，移来南海⑪，艰辛贫乏，于市卖柴。时，有一客买柴，使令送至客店，客收去。惠能得钱，却出门外，见一客诵经，惠能一闻经语，心即开悟，遂问："客诵何经？"客曰："《金刚经》。"复问："从何所来，持此经典？"客云："我从蕲州黄梅县⑫东禅寺来，其寺是五祖忍大师⑬在彼主化，门人一千有余，我到彼中礼拜，听受此经。大师常劝僧俗：'但持《金刚经》，即自见性，直了成佛。'"惠能闻说，宿昔有缘⑭，乃蒙一客，取银十两与惠能，令充老母衣粮，教便往黄梅，参礼五祖。

【注释】①时：当时，指惠能到宝林寺的时候。也有解释说这个"时"是表示开始讲述这部经典。②大师：指惠能。宝林：宝林寺，曾名中兴寺、法泉寺，宋朝叫南华寺，在广东韶州（今韶关）南华山。③韶州韦刺史：刺史，官名。在韶州任地方行政官的韦璩，刺史是主管当地行政的官员的名称。④开缘说法：缘是梵语意译，即产生一种关系。慧能为大众说法，就让大众与佛教结了缘。⑤法要：佛法的要义。⑥善知识：佛教术语，指信仰佛教、掌握佛理而一心向善的人，这里是指听佛法的人。⑦菩提自性：菩提，梵语音译，旧译为道，新译为觉，即觉悟。自性，即本性，禅宗认为每个人本来都有佛性。⑧直了：即顿悟，这是禅宗主张的修行觉悟法门。⑨本贯范阳：今北京大兴县宛平一带。本贯作本官，意谓惠能的父亲原在范阳做官，但从《神会语录》开始，范阳被写成惠能的籍贯。⑩新州：今广东南部新兴县。⑪南海：今广东佛山一带。⑫蕲州黄梅县：蕲州，今湖北蕲州西北；黄梅，今湖北黄梅县。⑬五祖忍大师：弘忍，俗姓周，惠能之师，被后世禅宗尊为五祖(602年~675年)，湖北黄梅人。⑭宿昔有缘：前世结下的缘分。

【译文】当时(唐高宗仪凤二年春天)，六祖惠能大师住在曹溪南华山宝林寺，韶州刺史韦璩和他的部属入山，礼请六祖到城里的大梵寺讲堂，为大众广开佛法因缘，演说法要。六祖登上讲坛，刺史韦璩和部属三十多人，以及当时学术界的领袖、学者等三十多人，出家比丘、比丘尼及在家信众一千多人，都来参加盛会。众人同时向六祖大师礼座，希望听闻佛法要义。

惠能大师对大家说道："善知识，每个人的菩提自性本来就是清净的，只要用这个清净的菩提心，当下就能了悟成佛。诸位，请先听听我求法得道的因缘和经历。"

"我的父亲，祖籍范阳，后被降职流放到岭南，于是做了新州的百姓。我自幼不幸，父亲早逝，留下孤儿寡母，于是移居到南海，生活艰辛，每天只靠卖柴来维持生计。一天，我在集市上卖柴，有一位客人买了柴后，让我把柴送到客店里。客人收到柴，我拿了钱，正要出门时，看到一人正在念经。我一听他念的经文，心里就感到有所领悟，于是就问："客人念的是什么经？"客人说："《金刚经》。"我随即又问："客人从哪里来，怎么会修持这部经典？"客人说："我从蕲州黄梅县东禅寺来，禅宗五祖弘忍大师在主持教化，五祖门下弟子有一千多人，我到寺中拜弘忍为师，听讲领受了这部经典。弘忍大师经常劝告在家出家信众说：'只要信奉修持这部《金刚经》，就能发现自己的佛性，直接了悟成佛。'我听客人说后，也许是前世缘分，就有一位客人送给我十两银子，让我回家安置老母的衣食生活，以便我前往黄梅县东禅寺，去参拜五祖弘忍大师。"

惠能安置母毕，即便辞违，不经三十余日，便至黄梅，礼拜五祖。

祖问曰："汝何方人，欲求何物？"

惠能对曰："弟子是岭南新州百姓，远来礼师，惟求作佛，不求余物。"

祖言："汝是岭南人，又是獦獠①，若为堪作佛②？"

惠能曰："人虽有南北，佛性本无南北，獦獠身与和尚③不同，佛性有何差别？"

五祖更欲与语，且见徒众总在左右，乃令随众作务④。

惠能曰："惠能启和尚，弟子自心常生智慧，不离自性，即是福田⑤，未审和尚教作何务？"

祖云："这獦獠根性大利⑥，汝更勿言，著槽厂⑦去。"

惠能退至后院，有一行者⑧，差惠能破柴踏碓⑨。

经八月余。祖一日忽见惠能曰："吾思汝之见可用，恐有恶人害汝，遂不与汝言，汝知之否？"

惠能曰："弟子亦知师意，不敢行至堂前，令人不觉。"

【注释】①獦獠：音同"葛僚"，是对西南方少数民族的侮称，借指没有开化或没有知识的人。可能当时惠能的穿戴像少数民族。②若为堪作佛：意即怎么能成佛。③和尚：梵语音译，尚也写作上，本是印度称老师的俗语，中国佛教中是对僧人的尊称，泛化后则指出家的佛教徒，尊义渐减。④作务：干活，做事情。⑤福田：即指能生福德之田。此处指农夫播种于田，比喻信佛、行善事也会有福报。⑥根性大利：根性，指修行、解悟能力。根性大利，心性中有信佛的因子，大利指领悟很快，这是赞美语。⑦槽厂：马棚。⑧行者：指入寺而尚未正式落发为僧，并承担劳役的人；也指游方僧人。⑨踏碓：碓是过去舂米的器具，一般为石制，配有杠杆原理的木槌，用脚踩木槌将稻碾为米，故叫踏碓。

【译文】我将母亲安顿好，立即离家赶赴黄梅，不到三十天，便到了黄梅，拜见了弘忍大师。

弘忍大师问道："你是哪里人氏，来这儿想得到什么？"

惠能回答说："弟子是岭南新州人，远道而来拜见您，只求成佛，别无他求。"

弘忍大师说："你是岭南人，又是没有开化的獦獠，怎么能成佛呢？"

惠能说："人虽然分南方人和北方人，但佛性自身却没有南北之分。獦獠的肉身也许与和尚您有所不同，可是佛性本身有什么差别呢？"

弘忍大师本想继续与我深谈，但看到徒弟们老围在旁边，于是就让我随大家一起去做事情。

惠能说："大师，弟子从心里经常产生智慧，能不离开自身所有的佛性，就是在耕种福田，不知大师叫我去做什么事务？"

弘忍大师说："你这蛮人根性很敏锐，你不必多说了，就到后院马棚去干活吧。"

惠能从弘忍大师那儿退到后院，有一位寺院劳役让惠能劈柴舂米。

就这样一直干了八个月。有一天，弘忍大师忽然来看惠能，对他说："我知道你的见解很有道理，因怕有人暗害你，所以就没有和你进一步谈论，你知道吗？"

惠能说："弟子也清楚大师的意思，所以也不敢到前面讲堂去，以免他人觉察。"

祖一日唤诸门人总来："吾向汝说，世人生死事大。汝等终日只求福田，不求出离生死苦海，自性若迷，福何可救？汝等各去，自看智慧，取自本心般若①之性，各作一偈②，来呈吾看。若悟大意，付汝衣法，为第六代祖。火急速去，不得迟滞。思量即不中用，见性之人，言下须见。若如此者，轮刀上阵，亦得见之。"

众得处分，退而递相谓曰："我等众人，不须澄心用意作偈，将呈和尚，有何所益？神秀③上座④，现为教授师⑤，必是他得；我辈谩作⑥偈颂，枉用心力。"

余人闻语，总皆息心，咸言："我等已后依止⑦秀师，何烦作偈。"

神秀思惟："诸人不呈偈者，为我与他为教授师。我须作偈，将呈和尚。若不呈偈，和尚如何知我心中见解深浅。我呈偈意，求法即善，觅祖即恶，却同凡心夺其圣位奚别？若不呈偈，终不得法，大难，大难。"

五祖堂前，有步廊三间，拟请供奉⑧卢珍画《楞伽经变相》及《五祖血脉图》，流传供养。神秀作偈成已，数度欲呈。行至堂前，心中恍惚，遍身汗流，拟呈不得。前后经四日，一十三度，呈偈不得。

秀乃思惟："不如向廊下书著，从他和尚看见，忽若道好，即出礼拜，云是秀作。若道不堪，枉向山中数年，受人礼拜，更修何道？"

是夜三更，不使人知，自执灯，书偈于南廊壁间，呈心所见。偈曰：

身是菩提树，心如明镜台，

时时勤拂拭，勿使惹尘埃。

秀书偈了，便却归房，人总不知。秀复思惟："五祖明日见偈欢喜，即我与法有缘；若言不堪，自是我迷，宿业障重⑨，不合得法，圣意难测。"房中思想，坐卧不安，直至五更。

【注释】①般若：也作班若、波若、钵若、般罗若等，是梵语音译，大智慧，指对佛教特有的认知，获得这种智慧就能达到解脱开悟。②偈：梵语意译，又译颂，四句整齐韵语，用于表达对佛法的一种理解、赞颂。又偈与竭意通，即摄尽其义之意，也就是完全概括了微言大义。③神秀：俗姓李，河南开封尉氏人。弘忍大师门下的上首弟子，后来受唐王朝礼遇，禅宗北宗的创立者。逝世后，诏谥为"大通禅师"。④上座：是指佛教寺院中的僧职名称，唐以前的上座是全寺之长，唐以后禅宗寺院中的上座位于住持之下。⑤教授师：负责教授弟子的"轨范师"，专门给受具足戒的僧人教授威仪做法，即有关行、住、坐、卧方面的仪轨。⑥谩作：胡乱作。意思是自己作的偈子水平不高。⑦依止：仰仗追随。依赖，追随。⑧供奉：官名，指被皇室或朝廷所聘用的官员。⑨宿业障重：宿业，佛教指过去世所做的善恶业因。障，烦恼的异名。宿业障重，即过去世所做的恶业烦恼深重。

【译文】一天，弘忍大师把众多门人都召集起来，对他们说："人生在世最大的问题是生死，你们整天只知持戒修善追求人天福报，而不知修慧，脱离生死苦海。如果你们迷失自己本性，修行的福德怎么能拯救你们超脱苦海呢？你们回去，各自反观智慧，从自己的内心发现般若之性，作一首体认佛法大意的偈，然后送上来给我看。如果有谁体认了佛法大意，我就把衣钵传给他，让他继任第六代祖师。你们赶快去做，不得耽搁，冥思苦想是没有用处的。体认了自身佛性的人，言谈之间立马觉悟。像这样的人，就是操刀上阵，也能见到自身佛性。"

众人得到吩咐后，回来互相议论说："我们这些人用不着费心思劳神写偈，即便写成，呈送师父那又有什么用处？上座神秀现在是教授师，祖师的衣钵一定是传给他，我们乱作偈颂，简直就是白白浪费心力。"

大家议论完后，都死了心，都说："我们以后还要仰仗神秀禅师，为什么还费心作偈。"

神秀心想："众人都不想作偈，是因为我是他们的教授师。我应该做偈子呈送给师父。如果不交，师父如何能知晓我心中见解的深浅呢？我向师父呈偈意在求佛法，如果是为了觅求祖位，那就是一种恶行，和凡夫用邪心去争夺圣位又有什么不同呢？如果我不呈偈，就始终得不到大法，这件事实在是教人为难！教人为难啊！"

在弘忍大师禅堂前有三间走廊，原本准备延请供奉卢珍来画《楞伽经变相》和《弘忍大师血脉图》，以便后世有所流传，有所供养。神秀作偈完毕，曾经数度想呈送给弘忍大师，几次走到禅堂前，总是神思恍惚，汗流全身，想呈又不敢呈，就这样前后经过三四天，一连十三次也没勇气呈交上去。

神秀于是心想："不如把偈写在走廊的墙上，由弘忍师父自行看到。如果他看后称道偈写得好，我就出来礼敬叩拜，说是我神秀作的。如果师父说偈写得不行，那就只能怪自己枉来山中数年，空受众人恭敬礼拜，还修什么道呢？"

就在当天夜里三更时分，神秀趁别人不知，悄悄地走出房门，手持灯烛，把想好的偈写在南走廊墙壁上，表达他对佛法的见解。偈是这样说的：

身是菩提树，心如明镜台。

时时勤拂拭，勿使惹尘埃。

神秀写完偈后，便回到自己的卧房，寺中大众都不知道此事。神秀又在思忖："弘忍大师明天看偈后，如果很高兴，那就说明我和佛法有缘。如果说不好，自然是我自己心里迷误，前生的罪业深重，所以不该得法。弘忍大师的心意真是难以揣度。"神秀在房中左思右想，坐卧不安，一直到五更时分。

祖已知神秀入门未得，不见自性。天明，祖唤卢供奉来，向南廊壁间绘画图相，忽见其偈。报言："供奉却不用画，劳尔远来。经云：'凡所有相，皆是虚妄。'[①]但留此偈，与人诵持。依此偈修，免堕恶道[②]；依此偈修，有大利益。"令门人炷香[③]礼敬，尽诵此偈，即得见性。

门人诵偈，皆叹善哉。

祖三更唤秀入堂，问曰："偈是汝作否？"

秀言："实是秀作，不敢妄求祖位。望和尚慈悲④，看弟子有少智慧否？"

祖曰："汝作此偈，未见本性，只到门外，未入门内。如此见解，觅无上菩提，了不可得。无上菩提，须得言下识自本心，见自本性，不生不灭；于一切时中⑤，念念⑥自见，万法无滞。一真一切真，万境自如如⑦。如如之心，即是真实。若如是见，即是无上菩提之自性也。汝且去，一两日思惟，更作一偈，将来吾看汝偈，若入得门，付汝衣法。"

神秀作礼而出，又经数日，作偈不成，心中恍惚，神思不安，犹如梦中，行坐不乐。

复两日，有一童子，于碓坊⑧过，唱诵其偈。惠能一闻，便知此偈未见本性。虽未蒙教授，早识大意。遂问童子曰："诵者何偈？"

童子曰："尔这獦獠不知。大师言：'世人生死事大。'欲得传付衣法，令门人作偈来看。若悟大意，即付衣法，为第六祖。神秀上座于南廊壁上，书《无相偈》。大师令人皆诵，依此偈修，免堕恶道。依此偈修，有大利益。"

惠能曰："我亦要诵此，结来生缘。上人⑨，我此踏碓，八个余月，未曾行到堂前，望上人引至偈前礼拜。"

童子⑩引至偈前礼拜。惠能曰："惠能不识字，请上人为读。"

时有江州别驾^⑪，姓张，名日用，便高声读。惠能闻已，遂言："亦有一偈，望别驾为书。"

别驾言："汝亦作偈？其事希有！"

【注释】①凡所有相，皆是虚妄：《金刚经》第五品中语。相，谓形体、相状义。不实为"虚"，不真为"妄"。原意是佛祖对须菩提说，世界上一切现象都是虚妄不实的，所以烦恼与佛果等世间名相也是虚幻不实的。若悟此理，才能明心见性。虚，即无实。妄，是不真。虚妄即虚假、不真。②恶道：指三恶道，即地狱、饿鬼、畜生。众生因所造恶业而转生到极坏的去处。③炷香：焚香。炷是动词。④慈悲：慈，与乐；悲，拔苦，所以慈悲就是与众生同乐，救众生苦难的一种菩萨情怀。⑤一切中：犹言"时时刻刻"，指过去、现在和未来的一切时间。⑥念念：每一个念头之间，指极短暂的时间。⑦万境自如如：万事万物都真实、平等。如如，即"如于真如"。是不动、寂默、平等不二、不起颠倒分别的自性境界，即如理智所证得的真如，故而称"如如"。⑧碓坊：舂米的房子。⑨上人：原指有过失而能自己改正的人，对德行高者的尊称，后来逐渐成为对出家僧人的尊称。此处是惠能对童子的尊称。⑩童子：还没有正式出家的少年，或小沙弥一类。⑪别驾：官员，是刺史的佐僚。

【译文】弘忍大师已经知道神秀还没有真正悟到入佛道的法门，没有自明佛性。天亮时，弘忍大师请了卢供奉，让他在南走廊墙壁上绘制图像，忽然看见神秀在墙上书写的偈，便对卢供奉说："供奉不用再画了，劳你远道而来。佛经中说：'所有的可见相，都是虚妄不实的。'就保留该偈，让门人念诵修持。依照偈去修行，就能够避免堕落三恶道了，并能获得很大的修学好处。"于是，弘忍大师叫门人焚香礼敬，都来念诵这篇偈语，以便觉悟佛性。

众门人念诵偈语，都感叹叫好。到三更时分，弘忍大师把神秀叫进禅堂内室，问他说："那篇偈子是你作的吗？"神秀回答说："的确是我作的，我并不敢妄想追求祖师之位，只希望师父大发慈悲，看看弟子还有一点智慧吗？"弘忍大师说："你作的这篇偈子，并没有见到佛性，还停留在门外，没有进入门内。像这样来寻觅最高的觉悟，那是不可能得到的，所谓无上的觉悟，是必须当下识心见性，见到自己的本性是不生不灭的；于任何时候，念念都能见到自己的真心本性，了知一切事物现象相互融通无碍，只要能认识真如自性（一真），自然一切法皆真实不虚，一切的境界自亦如如不动而无生无灭（一切真）。这如如不动之心，就是离绝人我、法我二执而显现的真实性。如果有了这样的见解，就是体征无上觉悟的本性。你再思考一两天，重新作一篇偈语，拿来给我看，你的偈语如果能觉悟入门，我就把衣钵法教都传给你。"神秀向弘忍大师行礼后出来，又过了几天，偈语也没有作出来，心情恍恍惚惚，神思不安，好像在梦中一样，行走坐卧都闷闷不乐。

又过了两天，寺院中一个小童，从碓房门前经过，一边走一边唱诵神秀的偈语。我一听，就知道这篇偈子没有认识本性，虽然我并没有接受过谁的教导，但早已懂了这首偈语的大意，就问小童说："你念诵的是什么偈子？"

童子回答说："你这獦獠哪儿知道，大师说："世上众生脱离生死苦海是亟待解决的大问题。"他想要把衣钵法教传承下去，让众门人都作偈语给他看，如果能觉悟大意，就把衣钵法教传给他，作第六代祖师。神秀上座在南边廊壁上写了这篇揭示万物无相的偈语，大师让众人都来唱诵，按照这篇偈子来修持，以免堕落三恶道，照这篇偈子修持，可以获得大好处。"

慧能说："我也要念诵这篇偈语，好结下辈子的佛缘。上人，我在这儿踏碓舂米已经八个多月了，从来没有到前面法堂去过，希望上人能引导我到偈语前礼拜。"童子就引导我到偈语前礼拜。我又说："我不识字，请上人给我念一念。"这时正好有一个信佛的江州别驾官，姓张，名叫日用的在旁边，就高声朗诵这篇偈语给我听。我听了以后，就说："我也有了一篇偈子，希望别驾替我写到壁上。"别驾说："你也能作偈语？这种事可是少有。"

惠能向别驾言："欲学无上菩提，不得轻于初学。下下人有上上智，上上人有没意智。若轻人，即有无量无边罪。"

别驾言："汝但诵偈，吾为汝书。汝若得法，先须度吾，勿忘此言。"

惠能偈曰：

菩提本无树，明镜亦非台，

本来无一物，何处惹尘埃。

书此偈已，徒众总惊，无不嗟讶，各相谓言："奇哉，不得以貌取人！何得多时使他肉身菩萨①。"

祖见众人惊怪，恐人损害，遂将鞋擦了偈，曰："亦未见性。"众以为然。

次日，祖潜至碓坊，见能腰石②舂米，语曰："求道之人，为法忘躯，当如是乎！"

乃问曰："米熟也未③？"

惠能曰："米熟久矣，犹欠筛在。"

祖以杖击碓三下而去④。惠能即会祖意，三鼓入室。

祖以袈裟遮围，不令人见。为说《金刚经》，至"应无所住而生其心"，惠能言下大悟："一切万法不离自性。"遂启祖言："何期自性，本自清净；何期自性，本不生灭；何期自性，本自具足；何期自性，本无动摇；何期自性，能生万法。"

【注释】①菩萨，指据大乘佛教教义修行而于未来能够成就佛道的修行者。肉身菩萨，指生身菩萨，即以父母所生之身而至菩萨修行阶位的人。佛教认为，肉身菩萨圆寂后可得全身舍利，舍利就是身骨，是有别于凡夫死人之骨，可分为三种：一是白色的骨舍利，二是黑色的发舍利，三是赤色的肉舍利。佛门传说六祖惠能、石头、希迁、憨山等大师皆存全身舍利。②腰石：腰里捆绑一块石头以增加身体重量，便于踏动舂米碓。③米熟也未：熟是舂好的意思。此处借煮饭，喻得道，意为得道觉悟没有。④祖以杖击碓三下而去：弘忍大师用杖击碓三下，暗示三更时分与惠能相见。

【译文】我对张别驾说："要学无上正觉，不可轻视初学。下下等的人中也会有上上等的智慧，上上等的人中也有愚钝没心智的。如果随便轻视人，就会有无量无边的罪过。"

张别驾说："那你把偈句念出来，我为你写上。如果你得了法，务必先来度我，不要忘了我说的话。"

我说的偈句是：

菩提本无树，明镜亦非台，

本来无一物，何处惹尘埃。

这首偈写就以后，弘忍大师的门下弟子们看后无不赞叹惊讶，相互议论说："真了不起，人的确不可貌相。为何才没多久的时间，他竟然成就了肉身菩萨啊！"

弘忍大师见大家惊讶不已，恐怕有人对我不利，于是用鞋子把偈擦掉了，对大家说："此偈也是没有见性。"大家以为真是这样。

第二天，弘忍大师悄悄来到碓坊，看见我腰上绑着石头在舂米，就对我说："追求佛道的人，为了求法而舍身忘己，就像这样啊！"

接着又问我说："米饭熟了没有？"

惠能说："米饭早已熟了，还欠一道筛的工序。"

弘忍大师用禅杖敲击了石碓三下，就离开了。我当即明白弘忍大师的用意。当半夜三更鼓响时，惠能悄然来到大师的卧房。

弘忍大师用袈裟遮住门窗，不让别人看见，为我讲说起《金刚经》。当讲到"应无所住而生其心"时，我当下就开悟了，证得"一切万法不离自性"的真谛。于是就对弘忍大师说："原来自性本来就是清净；原来自性本来就不生也不灭；原来自性本来就是圆满的；原来自性本来就是坚定不移的；原来自性本来就能产生万事万物。"

祖知悟本性，谓惠能曰："不识本心，学法无益。若识自本心，见自本性，即名丈夫、天人师[①]、佛。"

三更受法，人尽不知，便传顿教[②]及衣钵。云："汝为第六代

祖,善自护念,广度有情③,流布将来,无令断绝。听吾偈曰:

'有情来下种,因地果还生。

无情既无种,无性亦无生。'"④

祖复曰:"昔达摩⑤大师,初来此土,人未之信,故传此衣,以为信体,代代相承。法则以心传心,皆令自悟自解。自古佛佛惟传本体,师师密付本心。衣为争端,止汝勿传,若传此衣,命如悬丝,汝须速去,恐人害汝。

惠能启曰:"向甚处去?"

祖云:"逢怀则止,遇会则藏⑥。"

惠能三更领得衣钵,云:"能本是南中人,素不知此山路,如何出得江口?"

五祖言:"汝不须忧,吾自送汝。"

【注释】①丈夫、天人师:丈夫,如来有十号,其一叫调御丈夫。天人师,如来十号之一,意为天和人都尊佛为师。②顿教:顿悟成佛的教法。惠能弟子们称惠能南宗禅法为"顿教"。顿教主张一旦体验到自我的本性,就能顿时悟道成佛。③有情:梵语萨埵意译,即众生。佛教对包括人在内的一切有情识的生物的通称。④这首偈颂又称"传偈法",按照禅宗流传的说法,这是师资传承过程中祖师最后留给弟子的法悟,具有犹如传授信衣或经典要论一样的印定意义,所以在语义上具有一定的含糊性,不宜作过多的推敲。前两句说众生没有超脱有情,所以难脱因果报应的循环;后两句说超脱有情而觉悟后就能达无性亦无生的佛教空谛境界。⑤达摩:也常写作"达磨",南天竺(今印度南部)人,一说波斯人,南北朝时来中国传教,成为禅宗初祖。⑥逢怀则止，遇会则藏：怀，指怀集县，今广西梧州。会，指四会县，今广东新会。

【译文】弘忍大师知道慧能已经觉悟了自己的本性，就说："如果不能认识自己的本心，学佛法也没用；如果认识了自己的本心，见证了自己的本性，那就可以叫大丈夫、天人师、佛。"

慧能在半夜三更接受了弘忍大师传法，没有任何人知道。弘忍大师把顿教的法门和袈裟钵盂都传给了他，并说："你将成为第六代祖师，要好好守护自己的心念，广泛超度有情的众生，使佛法永远流传，不要让它中断了。听我的偈语：

'有情来下种，因地果还生。

无情亦无种，无性亦无生。'"

弘忍大师又说："从前达摩大师刚来此地，人们还不信仰他，所以传下来这件袈裟，作为佛教真传的信物证据，一代一代互相传承。其实佛法真谛，要以心传心，都得自己觉悟，自己理解。自古以来前佛与后佛之间只是传授本性的觉悟，每一代祖师交接也只是彼此会意本心的觉悟。袈裟是引起争端的由头，到你这儿就不要再传这袈裟了，要是再传这袈裟，你的性命就如游丝一般危险了。你必须赶快离去，恐怕会有人加害于你。"

惠能问："我去什么地方？"

弘忍大师回答说："遇到地名里有'怀'字的地方，就住下来；遇到地名里有'会'字的地方，就藏起来。"

慧能在三更天领受了袈裟钵盂，又对祖师说："我本来是南方人，一向不知道这里的山路，怎么样才能走到江边渡口呢？"

弘忍大师说:"你不用担忧,我亲自送你走。"

祖相送直至九江驿①。祖令上船,五祖把橹自摇。惠能言:"请和尚坐,弟子合摇橹。"祖云:"合②是吾渡汝。"惠能云:"迷时师度,悟了自度。度名虽一,用处不同。惠能生在边方,语音不正。蒙师传法,今已得悟,只合自性自度。"祖云:"如是! 如是! 以后佛法,由汝大行。汝去三年,吾方逝世。汝今好去,努力向南。不宜速说,佛法难起。"

惠能辞违祖已③,发足南行,两月中间,至大庾岭④,遂后数百人来,欲夺衣钵。

一僧俗姓陈,名惠明,先是四品将军,性行粗糙,极意参寻⑤,为众人先,趁及惠能。惠能掷下衣钵于石上,曰:"此衣表信,可力争耶。"能隐草莽中。惠明至,提掇⑥不动,乃唤云:"行者! 行者! 我为法来,不为衣来。"

惠能遂出,盘坐石上。惠明作礼云:"望行者为我说法。"

惠能云:"汝既为法而来,可屏息诸缘⑦,勿生一念,吾为汝说。"

明良久,惠能云:"不思善,不思恶,正与么时,那个是明上座本来面目?"

惠明言下大悟,复问云:"上来密语密意外,还更有密意否?"

【注释】①九江驿：今江西九江。②合：应该，理应。③辞违祖已：已，语气虚词，表示动作结束。辞违，告辞，离别。意谓和弘忍大师辞别了。④大庾岭：山名，是"五岭"之一，在今江西省大庾县南、广东省南雄县北，是古代南北交通的关口，也是一处地理分界标志，过了岭就属于岭南。本名塞上，又名梅岭。⑤极意参寻：用尽一切心思追踪寻找。⑥提掇：提取。⑦屏息诸缘：抛开一切杂念。

【译文】弘忍大师一直送我到九江驿，让我上船，弘忍大师自己把橹摇船。慧能说："和尚请坐！应该弟子摇橹。"

弘忍大师说："应该是我度你。"

慧能说："迷的时候由师父度，悟了就要自己度；度的名称虽然一样，但它的用处不一样。我生长在偏远的地方，讲话的语音不正，承蒙师父传授心法，现已开悟，只应自性自度。"

弘忍大师说："是的！是的！以后佛法要靠你弘传。三年以后，我就要圆寂了，你要珍重，一直向南走，也不要急于说法，因为这些年内佛法是很难兴盛起来的。"

慧能辞别了弘忍大师，动身向南方走，大约经过了两个月的时间，到了大庾岭。有数百人从后面追赶而来，想要夺取衣钵。其中有一位僧人，俗姓陈，名叫惠明，在家时曾经做过四品将军，性情粗鲁，参禅求道的心却很积极。他急着要追寻惠能大师，比其他人先一步追上了。慧能把衣钵扔在石头上，说："这袈裟是代表传法的信物，难道可以用暴力来争夺吗？"说完就隐避到草丛中。

惠明赶到，提拿衣钵不动，于是大声喊道："行者！行者！我是为求法而来，不是为夺衣钵而来。"

于是慧能从草丛中走出来，盘坐在石头上。惠明作礼，说道：

“希望行者为我说法。”

慧能说：“既然你是为求法而来，先要屏除心识中的一切缘影，不要使一念生起，我再为你说法。”

惠明默然而立。经过许久，慧能说：“不思量善，不思量恶，就在这时，哪个是明上座的本来面目？”

惠明在此言下忽然契悟，又再问道：“除了已经说过的密语、密意以外，还更有其他的密意吗？”

惠能云：“与汝说者，即非密也。汝若反照，密在汝边。”

明曰：“惠明虽在黄梅①，实未省自己面目。今蒙指示，如人饮水，冷暖自知。今行者即惠明师也。”

惠能曰：“汝若如是，吾与汝同师黄梅。善自护持。”

明又问：“惠明今后向甚处去？”

惠能曰：“逢袁则止，遇蒙则居②。”

明礼辞。

惠能后至曹溪③，又被恶人寻逐。乃于四会④，避难猎人队中，凡经一十五载，时与猎人随宜说法。猎人常令守网，每见生命，尽放之。每至饭时，以菜寄煮肉锅。或问，则对曰：“但吃肉边菜。”

一日思惟：“时当弘法，不可终遁。”遂出至广州法性寺⑤，值印宗法师⑥讲《涅槃经》⑦。时有风吹幡⑧动。一僧曰风动，一僧曰幡动，议论不已。

惠能进曰：“不是风动，不是幡动，仁者心动。”

一众骇然。印宗延至上席，征诘奥义。见惠能言简理当，不由文字。宗云："行者定非常人，久闻黄梅衣法南来，莫是行者否？"

惠能曰："不敢！"

宗于是作礼，告请传来衣钵，出示大众。宗复问曰："黄梅付嘱，如何指授？"

惠能曰："指授即无，惟论见性，不论禅定解脱。"

宗曰："何不论禅定解脱？"

惠能曰："为是二法，不是佛法，佛法是不二⑨之法。"

宗又问："如何是佛法不二之法？"

惠能曰："法师讲《涅槃经》，明佛性，是佛法不二之法。如高贵德王菩萨⑩白佛言：'犯四重禁⑪，作五逆罪⑫，及一阐提⑬等，当断善根佛性否？'佛言：'善根有二，一者常，二者无常。佛性非常非无常，是故不断，名为不二。一者善，二者不善，佛性非善非不善，是名不二。'蕴之与界⑭，凡夫见二，智者了达，其性无二。无二之性，即是佛性。"

【注释】①黄梅：湖北省黄梅县，弘忍所在地，可代指弘忍。②逢袁则止，遇蒙则居：袁指袁州，今江西省宜春县；蒙，袁州的蒙山。意即遇到地名中有"袁"字的地方就停下来，遇到地名中有"蒙"字的地方就居住下来。③曹溪：由于惠能曾在此传法，所以"曹溪"成为禅宗南宗的代称。其在今广东韶关市南。④四会：今广东新会县。⑤法性寺：在广州故城西北，唐代寺名，宋以后改称广孝寺。⑥印宗法师：唐代僧人，精通《涅槃经》，吴郡（今江苏吴县)人，开元元年(713年)去世。⑦《涅槃经》：全称《大般涅槃经》，主要教义是"一切众生，悉有佛性"。⑧幡：佛教的法物，寺院里的旗子，窄长垂直挂起。⑨不二：也称"无二"、"离两边"，也是"真如"、"佛性"的别名。⑩高贵德王菩萨：全称"光明遍照高贵德王菩萨"，《涅槃经》中有有关此菩萨的描述。⑪四重禁：即杀生、偷盗、邪淫、妄语，四重罪，犯了这四戒被认为是极重罪。⑫五逆罪：罪恶之极逆于常理，又叫五无间业，一般指杀父、杀母、杀阿罗汉、破和合僧、出佛身血这五种逆恶之罪。⑬一阐提：佛教称断绝善根，不信佛教之极恶人为一阐提。⑭蕴之与界：亦称阴界，即指五蕴与十八界。

【译文】我回答说："我对你说了，就不再是秘密了。你如果能用它来反观本心，妙法就在你那儿了。"

惠明说："惠明虽然在黄梅修行，却并没有省察到自己的本性。今天承蒙您指导教诲，好像人喝水一样，冷和暖只有自己知道。现在行者您就是我惠明的师父了。"

我回答说："你要是这样想，我和你都是以黄梅五祖为师，咱们共同努力维护佛法吧。"

惠明又问我说："惠明今后该到哪儿去呢？"我回答说："逢袁则止，遇蒙则居。"惠明向我行礼后告辞而去。

我后来到了曹溪山，又被恶人追赶。于是就在四会避难，隐藏在猎人队中十五年。这段时间，我常常对猎人讲说佛法。猎人们常叫我看守兽网，我每次看到动物落网，便将它们统统放生。每到吃饭的时候，我都要放一把蔬菜煮在肉锅里，有人问我，我就说："我只吃肉旁边的菜。"

一天，我暗自在想："现在是弘扬佛法的时候了，不能永远隐遁下去。"于是我出山离开了猎人的队伍，来到广州法性寺。正逢印宗法师在讲解《涅槃经》。当时有一阵风吹来，旗幡随风飘动。一僧人说风动，另一僧人说幡旗在动，两个人为此争论不休。

我走上前去说："不是风动，也不是幡动，是诸位的心在动。"

大众听到了，都十分惊讶。印宗法师把我请到上席就座，请我讲解佛法的大义。见我言语简练，说理透彻，印宗法师便问道："行者一定不是平常的人，很早就听说黄梅五祖的衣法已经传到南方，莫非就是行者吗？"

我说："不敢当！"

于是印宗向我施礼，请我把弘忍法师传授的衣钵，拿出来给大家看。印宗法师接着又问："黄梅弘忍大师传付衣法时，有什么指示吗？"

我说："指示是没有，只提倡见性，不提倡修禅定得解脱。"

印宗法师问："为什么不提倡修禅定得解脱呢？"

我说："因为修禅定、解脱是二法，并不是佛法，佛法是没有分别对待的不二法门。"

印宗法师又问："什么是佛法的不二法门呢？"

我说："法师，你讲的《涅槃经》，阐明佛性就是佛法不二法门。譬如高贵德王菩萨对佛说：'犯四重禁、五逆罪和不信佛法的一阐提，是否就永断他们的善根和佛性了吗？'佛回答说：'善根有二种，一是永恒不变，二是转瞬即逝，佛性不是永恒不变也不是转瞬即逝，所以善根不会断绝，这就名为不二法门。五戒十善是善，五逆十恶是不善，佛性是非善也非不善，因此名为不二之法。'再说五蕴和

十八界，凡夫见之为二，有智能的人通达事理，知其性本无二无别，
无二无别的性就是佛性。"

印宗闻说，欢喜合掌^①，言："某甲^②讲经，犹如瓦砾；仁者
论义，犹如真金。"于是为惠能剃发，愿事为师。惠能遂于菩
提树下，开东山法门^③。

惠能于东山得法，辛苦受尽，命似悬丝。今日得与使君、
官僚、僧尼、道俗同此一会，莫非累劫之缘，亦是过去生中供
养诸佛，同种善根，方始得闻无上顿教、得法之因。教是先圣
所传，不是惠能自智。愿闻先圣教者，各令净心。闻了各自除
疑，如先代圣人无别。

一众闻法，欢喜作礼而退。

【注释】①合掌：左右手并拢对合，表示施礼，也称"合十"。②某
甲：这里指自己，也可以指他人。③东山法门：东山，指湖北黄梅县双峰山的
冯墓山，该山在黄梅县境东。弘忍大师曾于此弘教，故称其禅法为"东山法
门"。

【译文】印宗法师听我说法以后，满心欢喜，合掌施礼说："我
讲经，就像瓦砾，而仁者您讲经论义，就像真金。"于是印宗法师为
我落发受戒，并愿拜我为师。我于是就在菩提树下开讲五祖弘忍
传授下来的顿悟法门。

我自从在东山得法以后，受尽辛苦，生命时刻处在危险之中。今
天能够和刺史官僚及僧尼、道俗同在此法会中，无非是多劫以来所

结的法缘，也是宿昔供养诸佛，共同种下的善根，才有了今天听闻无上的顿教法门和我获得这些教法的因由。教法是过去的圣人所传下来的，并不是我一个人的聪明智慧。愿意听闻古圣教法的，各自先行净心；听完之后，各自去除痴疑惑障，就像过去的圣人一样没有差别了。

大家听了我的解说经法，十分高兴，作礼而去。

扫一扫
听坛经诵读

般若品第二

【题解】本品提出众生当前心性，即是般若真空，若能于一切法不取不舍，般若即生，故修行必须"自识本心，自见本性。"由此对出世的佛法提出了全新的看法："佛法在世间，不离世间觉；离世觅菩提，恰如求兔角。正见名出世，邪见名世间；邪正尽打却，菩提性宛然。"

要了悟空相，就要得般若智慧，就要依《金刚般若波罗蜜经》修行。因为此经是专门为那些发下了大乘愿望和最上乘心愿的人所说的。是最直接的、最根本的道路。他的根本核心是："应无所住而生其心"。不执不贪，不取不舍，一切自性成就。这样的人生观和世界观，就能够让我们成就大道而见性成佛。

次日，韦使君请益①，师升座，告大众曰："总净心念'摩诃般若波罗蜜多'②。"

复云："善知识，菩提般若之智，世人本自有之，只缘心迷，不能自悟，须假大善知识，示导见性。当知愚人智人，佛性本无差别，只缘迷悟不同，所以有愚有智。吾今为说摩诃般若波罗蜜法，使汝等各得智慧。志心谛听，吾为汝说。

"善知识，世人终日口念般若，不识自性般若，犹如说食不饱，口但说空，万劫不得见性，终无有益。

"善知识，摩诃般若波罗蜜是梵语，此言大智慧到彼岸。此须心行，不在口念。口念心不行，如幻如化，如露如电。口念心行，则心口相应。本性是佛，离性无别佛。

"何名摩诃？摩诃是大，心量广大，犹如虚空③，无有边畔，亦无方圆大小，亦非青黄赤白，亦无上下长短，亦无瞋无喜，无是无非，无善无恶，无有头尾。诸佛刹土④，尽同虚空。世人妙性本空，无有一法可得。自性真空，亦复如是。

"善知识，莫闻我说空，便即著空。第一莫著空，若空心静坐，即著无记空⑤。

"善知识，世界虚空，能含万物色像，日月星宿，山河大地，泉源溪涧，草木丛林，恶人善人，恶法善法，天堂地狱，一切大海，须弥诸山⑥，总在空中。世人性空，亦复如是。

"善知识，自性能含万法是大，万法在诸人性中。若见一切人恶之与善，尽皆不取不舍，亦不染著，心如虚空，名之为大，故曰'摩诃'。"

【注释】①请益：佛教中指高僧大德对弟子讲法，先有所予，弟子复有所请教，称之为"请益"。②摩诃般若波罗蜜多：即佛教大智慧到达彼岸之意。摩诃，是大的意思；般若，智慧；波罗蜜，到彼岸。③虚空：虚无形质，空无障碍，故名虚空。佛教中往往以虚空譬喻广大无边。④刹土：意译为土田，即国土的意思，略称刹。⑤无记空：佛教术语，事物的性体不可记为善，也不可记为恶，称为无记空。⑥须弥诸山：须弥山，是古代印度神话中的大山，为佛教所采用。"须弥诸山"即指佛教所名的各个"世界"的须弥山，通常用须弥山比喻十分庞大。

【译文】第二天，韦刺史请惠能大师接着讲佛法。大师于讲坛上就座，对大众说："请大家让心灵清净，然后念诵：摩诃般若波罗蜜多。"

又说："善知识，菩提般若智慧，世人本来自身都具有，只由于自性蒙昧迷惑，无法自己开悟，这才需要靠更高智慧的大善知识，予以开导启示来认识佛性。应当指出的是愚人和智者，他们的佛性是没有差别的，只因迷惑和觉悟的不同，才有愚智之分。我现在为你们讲说摩诃般若波罗蜜法，让你们都各自获得智慧，诸位要专心致志地听，我现在为你们说。

各位善知识，世人终日口念诵般若经，却不认识自身本性的般若，就像是整天念叨食物名称，最终不能饱一样。只是口头不停说般若空理，而没有力行实证，则虽历千万劫数也不得见性，最终是没有益处的。

摩诃般若波罗蜜多是梵语，汉语的意思是有大智慧能到达彼岸。这是需要用心体会的，不在于口里念叨，只是口里空念而不用心体会不行，一切将如同梦幻泡影、瞬息化灭，如露珠、如闪电。口里念诵，心想力行，那就能心口相应。就能觉悟到人人本具的清净自性就是佛，离开自性没有别的成佛可能。什么叫摩诃？摩诃就是大，人的心胸度量之广大，就像虚空一样，没有边际，也没有方圆大小，既不是青黄红白，也没有上下长短，没有恼怒没有欢喜，没有是也没有非，没有善也没有恶，没有头也没有尾，诸佛所在的净土就像虚空一样无所不在。世人的灵妙本性本来就是空，并没有一种法则可以得到。我们的自性真如，也是如此，广大无边，无形无相，真空妙有。

各位善知识，不要听我讲空，你们就执著于空，第一重要的是不要执著于空。如果执著于空而坐禅，那就落入无记空的境地。

各位善知识，世界虚空，能含容万物的种种色相：日、月、星宿，山、河、大地，泉源、溪涧，草木、丛林，恶人、善人，恶法、善法，天堂、地狱，一切大海，须弥诸山，全都含藏在虚空之中。世人的妙性真空，含藏万法也是如此。

各位善知识，自性能含藏万法，这就是大，万法就在每个人的自性之中。如果见到任何人，无论是善是恶，全都能不取不舍，也不染着，心境朗照如同虚空，就称之为大，所以梵语叫做'摩诃'。"

"善知识，迷人口说，智者心行。又有迷人，空心静坐，百无所思，自称为大。此一辈人，不可与语，为邪见故。

"善知识，心量广大，遍周法界[①]，用即了了分明，应用便知一切。一切即一，一即一切，去来自由，心体无滞，即是般若。

"善知识，一切般若智，皆从自性而生，不从外入。莫错用意，名为真性自用。一真一切真。心量大事[②]，不行小道。口莫终日说空，心中不修此行，恰似凡人，自称国王，终不可得，非吾弟子。

"善知识，何名般若？般若者，唐言③智慧也。一切处所，一切时中，念念不愚，常行智慧，即是般若行。一念愚即般若绝，一念智即般若生。世人愚迷，不见般若。口说般若，心中常愚。常自言我修般若，念念说空，不识真空。

"般若无形相，智慧心即是。若作如是解，即名般若智。

"何名波罗蜜？此是西国语④，唐言到彼岸，解义离生灭。著境生灭起⑤，如水有波浪，即名为此岸。离境无生灭，如水常通流，即名为彼岸，故号波罗蜜。

"善知识，迷人口念，当念之时，有妄有非。念念若行，是名真性。悟此法者，是般若法；修此行者，是般若行。不修即凡，一念修行，自身等佛。

"善知识，凡夫即佛，烦恼即菩提。前念迷即凡夫，后念悟即佛。前念著境即烦恼，后念离境即菩提。"

【注释】①法界：为"十八界"之一，广义泛指有为、无为之一切诸法，也称为"法性""实相"。人们意识所缘之境也叫"法界"。②心量大事：是说开发真如心量，是转迷开悟的大事。心量，指远离一切所缘、能缘，而无住于心的真如心量。大事，指转迷开悟之事。③唐言：唐朝时，声威远扬，称汉语为唐言。④西国语：指印度语言，即梵语。⑤著境生灭起：境，指人的感觉和思维器官所感知和认识的对象，泛指一切认识对象。意思是由于人们追求一切外在的现象，产生了行为、语言和思想方面的"错误"行动，继而引起生死轮回。

【译文】"各位善知识，迷而不悟的人只是口头说"空"，悟了的智者则能用心体悟"空"义。又有一类迷而未悟的人，死心静坐，什么也不想，自以为这就是大。这样的人不足以和他说'摩诃般若'之法，因为他们已经落入了邪见的谬误。"

"各位善知识，自性本心广博浩大，含藏遍布整个法界。禅定时能了了分明每一个念头，运用它时能清清楚楚地了知一切事物。一切事物皆含藏于一心中，而一心能衍生万法。若能领悟此理，便能来去自由，无所障碍了。这就是般若智慧。

"各位善知识，一切般若智慧，都是从自性中出生，不是从外面得来，不要错用了心思！这就叫作真性自用。本性清净，真实不虚，则观一切万法，皆真实不虚。心要用于开发真如自性，转迷为悟的大事，不要在空心静坐等小道上用功，更不要整天口中说空，而心中不修真空之行！这就好像一个平民百姓，自称自己是国王，终究不是真。这种人不是我的弟子。

"各位善知识，什么叫般若？般若的意思，汉语中叫智慧。在一切地方，一切时刻，每一心念中都不愚痴，总是以智慧来处理一切事情，这就是修行般若。一念无明愚痴生起，般若就断绝了；一念转迷成悟，般若智慧又立刻生起。世俗人太愚昧迷惑，不能认识般若，嘴里说般若，心里面却总是很蒙昧，经常自我夸耀说在修行般若，每个念头都执著于空，却不能认识真正的空。

"般若智慧没有形相可言，人的智慧心就是无形无相而又不落断灭的般若，能够这样理解，就叫般若智慧。

"什么叫波罗蜜？这是印度语。汉语的意思是到达彼岸，它表达的意义是离开生又离开死而获得解脱。如果执著世俗境界就会有生和死的概念，就像水有波浪一样，起伏不定，这就是"此岸"；心若不攀缘外境，如同流水一样畅通无碍，就叫做"彼岸"，所以叫波罗蜜。"

"各位善知识，迷而不悟的人只知道口念；但是念的时候，心中有妄有非。若能念念心行，才是真实不虚的真如法性。觉悟此法，就是般若法；如此修行，便是般若行。不能如是修行，就是凡夫；若能一念悟修，自身当体即与佛平等无异。"

"各位善知识，凡夫即是未觉悟的佛，能把烦恼转过来就是菩提。前一个念头迷惑了就是凡夫，后一个念头觉悟了就是佛。前一个念头执著于世俗境界就是烦恼，后一个念头离开了世俗境界就是菩提。"

"善知识，摩诃般若波罗蜜，最尊最上最第一，无住无往亦无来，三世诸佛①从中出。当用大智慧，打破五蕴、烦恼、尘劳，如此修行，定成佛道，变三毒②为戒、定、慧③。

"善知识，我此法门，从一般若生八万四千智慧。何以故？为世人有八万四千尘劳④。若无尘劳，智慧常现，不离自性。悟此法者，即是无念，无忆无著，不起诳妄，用自真如性，以智慧观照，于一切法，不取不舍，即是见性成佛道。

"善知识，若欲入甚深法界及般若三昧⑤者，须修般若行，持诵《金刚般若经》，即得见性。"

【注释】①三世诸佛：三世：过去、现在、未来。这里的"三世诸佛"泛指一切佛。②三毒：即贪、嗔、痴。佛教认为三毒是人生烦恼的根本原因。③戒、定、慧：所谓三学，是针对三毒的对症下药。要求修道者遵守戒律，防非止恶；凝神静虑，观照佛理，修习禅定；修行般若智慧，断除疑惑，达到解脱。④尘劳：指人们迷恋世间的万事万物所造成的有碍于解脱的世俗的烦恼，与"烦恼"意思相近。⑤三昧：正定，专注一境。

【译文】"各位善知识，摩诃般若波罗蜜，是最尊贵的至高无上的最第一的佛法，它无住、无来、无往，过去、现在和未来三世的佛都是从这里产生的。应当运用大智慧打破五蕴、烦恼、尘劳，如果这样去修行，一定能成就佛道，使贪、嗔、痴三毒变成戒、定、慧。"

"各位善知识，我这个法门，要从一个般若中生出八万四千种智慧。是什么原因呢？因为世人有八万四千种烦恼，如果世人没有烦恼，般若智慧就会常常显现而不离开自己的本性。领悟了这个佛法的人，就没有妄念，既没有思量又没有执著，不起诳妄之心，而是运用自己的真如佛性，用智慧观照一切，对一切万物，既不索取也不舍弃，这就认识到了人的本性而成就佛道了。"

"各位善知识，如果想要进入甚深的一真法界及般若正定的人，必须修持般若行，持诵《金刚般若波罗蜜经》，就可以认识到自己本来具有的佛性。"

"当知此经功德，无量无边。经中分明赞叹，莫能具说。此法门是最上乘，为大智人说，为上根人说。小根小智人闻，心生不信。何以故？譬如天龙下雨于阎浮提①，城邑聚落，悉皆漂流，如漂枣叶。若雨大海，不增不减。若大乘人，若最上乘人，闻说《金刚经》，心开悟解，故知本性自有般若之智。自用智慧，常观照故，不假文字。譬如雨水，不从天有，元是龙能兴致，令一切众生，一切草木，有情、无情，悉皆蒙润，百川众流，却入大海，合为一体。众生本性般若之智，亦复如是。

"善知识，小根之人闻此顿教，犹如草木根性小者，若被大雨，悉皆自倒，不能增长。小根之人，亦复如是。元有般若之智，与大智人更无差别，因何闻法不自开悟？缘邪见障②重，烦恼根深。犹如大云覆盖于日，不得风吹，日光不现。般若之智，亦无大小，为一切众生自心迷悟不同。迷心外见，修行觅佛，未悟自性，即是小根。若开悟顿教，不执外修，但于自心常起正见，烦恼尘劳，常不能染，即是见性。

"善知识，内外不住，去来自由，能除执心，通达无碍。能修此行，与《般若经》本无差别。

"善知识，一切修多罗③及诸文字，大小二乘、十二部经④，皆因人置。因智慧性，方能建立。若无世人，一切万法本身不有。故知万法本自人兴，一切经书，因人说有。缘其人中，有愚有智。愚为小人，智为大人。愚者问于智人，智者与愚人说法。愚人忽然悟解心开，即与智人无别。"

【注释】①阎浮提：梵语音译，意译是瞻部洲。阎浮，本为树名，因地生此树，地以之为名。专指印度，泛指人间世界，也就是娑婆世界。②障：佛教把有碍于修行佛道的一切思想、言论和行为都称作"障"。③修多罗：又译"契经"，指佛经中的长行直说。④十二部经：也称"十二分教"，在中国佛教典籍中，"十二部经"泛指一切佛典。

【译文】"应当知道这部经的功德，那是无量无边的，在经典中的赞叹已经说得明白，不需要具体解说了。经中说的法门，是最上乘的方法，是专为具有大智慧的人说的，为有大根器的人说的。小根器小智慧的人听到了，心中是不会相信的。为什么呢？比如天龙在阎浮提降暴雨，城镇村落都会在雨水中浸淫损坏，好像枣叶漂流一般。但雨水流入大海，大海既不会增加也不会减少。像大乘智慧的人，最上乘智慧的人，只要是听到《金刚经》，就会心窍大开。由此可以知道，每个人的本性中本来就具有般若智慧，这是经常运用智能观照所得，而不是假借语言文字而成。譬如降雨，不是从天而有，原是龙能兴云致雨，让一切众生、一切草木、有情无情，统统蒙受润泽。百川众流注入大海中，与海水合为一体，众生本性中般若智能也是如此。"

"各位善知识，小根性的人听闻此顿教法门，犹如草木一样，根浅枝弱的，如果被大雨一淋，就会全部倒下，不能继续生长。小根性的人，听闻大法的情形也是这样。他们原有的般若智慧，和大智慧的人并没有差别，为甚么听闻此顿教法门不能开悟呢？因为他们执著邪见，所知障重，烦恼习气根深蒂固，好像密云遮蔽了日光，没有风来把云吹散，日光就不能透现出来。般若智慧，人人本来具足，没有大小之分，只因为一切众生自心有迷悟的不同所致。心有迷惑，向外求法，离心觅佛，不能悟见自性，这就是小根性的人。如果领悟顿教法门，不向心外执著修行，只在自己心中经常生起正见，一切烦恼尘劳不能染着，这就是见到自性。"

"各位善知识，对内外境都不执著，来去自由，能够遣除执著心，通达无我，没有障碍，能这样去修行，就和《般若经》所说的没有什么差别了。"

"各位善知识，一切经典、所有文字、大小二乘教、十二部经，都是因人施设的，由于智慧本性，才能建立。如果没有世人，自然也就没有一切万法。由此可知，一切万法原是由世人所兴设，一切经书由于人说才会有。因为世人之中有愚有智，愚迷的人称为小根器，有智慧的人称为大根器。愚昧的人向有智慧的人请教，有智慧的人对愚昧的人说法；庸愚的人如果忽然领悟理解、心地开朗，就和有智慧的人没有差别。"

"善知识，不悟即佛是众生；一念悟时，众生是佛。故知万法尽在自心。何不从自心中，顿见真如本性？

"《菩萨戒经》①云：'我本元自性清净。'若识自心见性，皆成佛道。《净名经》②云：'即时豁然，还得本心。'

"善知识，我于忍和尚处，一闻言下便悟，顿见真如本性。是以将此教法流行，令学道者顿悟菩提，各自观心，自见本性。

"若自不悟，须觅大善知识，解最上乘法者，直示正路。是善知识有大因缘，所谓化导令得见性。一切善法，因善知识能发起故。三世诸佛，十二部经，在人性中本自具有。不能自悟，须求善知识，指示方见。

"若自悟者，不假外求。若一向执谓须他善知识方得解脱者，无有是处。何以故？自心内有知识自悟。若起邪迷，妄念颠倒，外善知识虽有教授，救不可得。若起正真般若观照，一刹那间，妄念俱灭。若识自性，一悟即至佛地③。

"若识本心，即本解脱。若得解脱，即是般若三昧。般若三昧即是无念。何名无念？若见一切法，心不染著，是为无念。用即遍一切处，亦不著一切处。但净本心，使六识④出六门⑤，于六尘⑥中无染无杂。来去自由，通用无滞，即是般若三昧，自在解脱，名无念行。若百物不思，当令念绝，即是法缚，即名边见⑦。"

【注释】①《菩萨戒经》：佛教戒律书。《梵网经》中的《菩萨心地戒品第十》，共两卷。此经主要讲大乘佛教的十重戒和四十八轻戒。②《净名经》：《维摩诘所说经》的另一个名称，也称《维摩经》。③佛地：佛教把修行成道的过程划分为十个阶位，即十地。佛地为菩萨修行所要达到的最终果位。④六识：眼识、耳识、鼻识、舌识、身识、意识。⑤六门：指眼、耳、鼻、舌、身、意等六种感觉和思维器官，也称"六根"。⑥六尘：即色、声、香、味、触、法，指眼、耳、鼻、舌、身、意等六识所感觉认识的六种现象，也称"六境"。⑦边见：片面极端的见解。

【译文】"各位善知识，不开悟时佛也是众生，一念开悟众生也是佛。因此，万种佛法都在人自己心中。为什么不从自己的心中顿悟从而认识真如的本性呢？"

《菩萨戒经》说：'我本来的自性就是清净的。'如果能从自己

的本心认识佛性，就能自己成就佛道。《维摩经》说：'瞬间豁然贯通，就复归自己的本心。'

"各位善知识，我在弘忍师父那里，一听到他讲佛法立刻就觉悟了，顿时认识到了真如本性。因此我将这种教法宣传流布，让学佛道的人顿悟菩提，各自审视自己的内心，各自认识自己的本性。"

"如果自己不能自悟，必须寻访大善知识，也就是理解最上乘法的人，直接指示正路。善知识都和佛法有很大的因缘，就是所谓'教化示导，令众生得见自性'，因为一切善法能够由善知识发起的原故。在人的自性中，本来就具足三世诸佛、十二部经，如果愚迷而不能自悟，必须请求善知识的指示方能识见本心。"

"如果能自悟见性的人，自然不须向心外求觅；如果一味执著'必须靠善知识，以期得到解脱'，那是错误的。为什么呢？众生自心内原有般若智能可以自悟。如果另起邪见，迷自本心，颠倒妄想，心外的善知识虽然给予教导，也是无法得救。如果能够生起真正的般若观照，一刹那间，妄念即能完全熄灭；如果能识得自性，这一悟便可以直入佛地。"

"各位善知识，用智慧观照，就能里外光明澄彻，就可以体认自己的本心。如果认识了自己的本心，即是得到本来无碍的自在解脱。得到了解脱，就是懂得了般若的奥妙。体悟了般若的奥妙，也就是对于所知所见的一切诸法，心不染着。这个'一念不生'，应用时能遍及一切处，却又不滞着于一切处。只要清净本心，六识通过感觉器官（六门）接触外界的六尘时，如实观照不起丝毫分别、妄念，出入来去自由自在，通畅自如，运用万端，无滞无碍，这就是般若三昧，自在解脱，叫作无念行。如果一味执著什么都不去思考，当使心念断绝，这就是法缚，也叫作边见。"

"善知识，悟无念法者，万法尽通；悟无念法者，见诸佛境界；悟无念法者，至佛地位。

"善知识，后代得吾法者，将此顿教法门，于同见同行，发愿受持，如事佛故，终身而不退者，定入圣位。然须传授从上以来默传①分付，不得匿其正法。若不同见同行，在别法中，不得传付，损彼前人，究竟无益。恐愚人不解，谤此法门，百劫千生，断佛种性②。

"善知识。吾有一《无相颂》，各须诵取。在家出家，但依此修。若不自修。惟记吾言，亦无有益。听吾颂曰：

说通及心通，如日处虚空。惟传见性法，出世破邪宗。

法即无顿渐，迷悟有迟疾。只此见性门，愚人不可悉。

说即虽万般，合理还归一。烦恼暗宅中，常须生慧日。

邪来烦恼至，正来烦恼除。邪正俱不用，清净至无余。

菩提本自性，起心即是妄。净心在妄中，但正无三障③。

世人若修道，一切尽不妨。常自见己过，与道即相当。

色类④自有道，各不相妨恼。离道别觅道，终身不见道。

波波度一生，到头还自懊。欲得见真道，行正即是道。

自若无道心，暗行不见道。若真修道人，不见世间过。

若见他人非，自非却是左。他非我不非，我非自有过。

但自却非心，打除烦恼破。憎爱不关心，长伸两脚卧。

欲拟化他人，自须有方便。勿令彼有疑，即是自性现。

佛法在世间，不离世间觉。离世觅菩提，恰如求兔角。

正见名出世，邪见名世间。邪正尽打却，菩提性宛然。

此颂是顿教，亦名大法船。迷闻经累劫，悟则刹那间。

师复曰："今于大梵寺，说此顿教，普愿法界众生，言下见性成佛！"

时，韦使君与官僚、道俗，闻师所说，无不省悟。一时作礼，皆叹："善哉！何期岭南有佛出世。"

【注释】①默传：不依靠语言文字，而是以心传心的传授。②断佛种性：意思是永远不能成佛。③三障：即烦恼障、业障及地狱、饿鬼、畜生等恶报障，指不利于修行的三种障碍。④色类：一般指世间的一切人及有各种物质形体的众生。

【译文】"各位善知识，悟得无念法的人，也就通晓了一切法；悟得无念法的人，也就见到了诸佛的境界；悟得无念法的人，就到了佛所在的果位。

"各位善知识，后代得到我这个法门的人，能将这个顿教法门，与见解相同、心行相同的人共同发愿信受奉持，如同事奉佛陀，终生精进而不退转的人，必定能达到圣人的境地。但是必须传授祖师从上以来就采用的以心传心的传授方法，不可隐匿宗门正法。如果不是同一见地、同一心行，而在其他宗派法门中修行的人，就不要妄传，以免损害前代祖师，究竟是没有益处的。更担心有些愚痴的人不能理解,诽谤这个法门,将使其百劫千生断绝佛的种性。

"各位善知识,我有一首《无相颂》,大家每个人都必须要记诵,无论在家出家,只要依照这首《无相颂》去修行就好了。要是不去修行,只记住我的话,也是没有什么益处的。请听颂:

> 说法通及自心通,犹如大日处虚空。
> 唯有传授见性法,出世度众破邪宗。
> 法本不分顿与渐,转迷成悟有快慢。
> 只此见性妙法门,庸愚之人不能知。
> 说法即使万般异,合则理体仍归一。
> 烦恼黑暗住宅中,时常须要慧日照。
> 邪念来时烦恼到,正念来时烦恼除。
> 邪正二相都不用,清净极至无余境。
> 菩提本是自性觉,若起心念就是妄。
> 净心处在妄心中,但正心念无三障。
> 世人若要修佛道,一切法门都不妨。
> 常见己过勤反省,就能与道相应和。
> 众生各自有其道,各自修行不相妨。
> 自离其道别求道,终身无法得见道。
> 风尘波波度一生,到头还是自懊恼。
> 想要得见真实道,行为正直就是道。
> 自己如果无道心,暗行不能得见道。
> 若是真正修道人,不见世间的过非。
> 如果只见他人过,自己有过就是错。

他人责人我不责，我责怪人自有过。

只要自止责人心，就能破除烦恼障。

憎怒喜爱不关心，长伸两脚自在卧。

想要教导感化人，自己须有方便法。

不使他人生疑惑，就是自性的显现。

佛法本就在世间，觉悟不离开世间。

离开世间寻菩提，正如费心求兔角。

正见名为出世智，邪见名为世间惑。

邪正二见尽扫净，菩提自性分明现。

这首颂是顿教法，也称做是大法船。

迷人闻法历多劫，顿悟只在刹那间。

六祖又说："现在我在大梵寺说这个顿教法门，普愿世间所有的众生听了之后都能即时见性成佛。"

当时，韦璩刺史和官僚以及在会的僧俗弟子，听了六祖所说的法后，都有所省悟。大家都向六祖大师施礼，并赞叹说："太好了，想不到岭南真有活佛出世。"

疑问品第三

【题解】本品中韦刺史向惠能大师提出了三个疑问：一是功德与福德的问题。梁武帝一生"造寺度僧，布施设斋"实无功德可言，其中缘由为何？惠能大师为此做了解答和开示；二是心净与佛土净的问题。惠能大师针对韦刺史对于念佛是否可以往生西方极乐世界的疑问，反问其"东方人造罪，念佛求生西方；西方人造罪，念佛求生何国？"很多人对此不理解，甚至会对于禅宗与净土产生分别。大安法师解释道："这种开示，正是要学人消泯东方与西方、善与恶的对待，回归到不二的心性，不可将此作为实法去理解。须知西方极乐世界的往生者，离开身见、我执，相好光明等同佛，无有行恶之名，更无造罪之实。故知六祖这类开示是禅宗的门庭施设，欲令学人念佛因心先净，则所依报土自净，而不令学人求往生，此是遮诠；而净宗祖师劝人信愿念佛往生阿弥陀佛净土，则因心自净，故教诲众生发愿求生，此是表诠的教示方法。二者相得益彰，俱符佛意。是故不可以禅宗的话语来否定念佛求生净土的事理。"三是在家修行与出家修行的问题。惠能大师说："若欲修行，在家亦得"。他并不是劝人不要出家，而是提醒众人不要执著于外在的形式。针对韦刺史在家如何修行的疑问，惠能大师做了《无相颂》，以此解答众惑，引导众人。

一日，韦刺史为师设大会斋①。斋讫，刺史请师升座，同官僚、士庶肃容再拜。问曰："弟子闻和尚说法，实不可思议。今有少疑，愿大慈悲，特为解说。"

师曰："有疑即问，吾当为说。"

韦公曰："和尚所说，可不是达摩大师宗旨乎？"

师曰："是。"

公曰："弟子闻达摩初化梁武帝②，帝问云：'朕一生造寺度僧，布施设斋，有何功德？'达摩言：'实无功德。'弟子未达此理，愿和尚为说。"

师曰："实无功德，勿疑先圣之言。武帝心邪，不知正法。造寺度僧，布施设斋，名为求福，不可将福便为功德。功德在法身中，不在修福。"

师又曰："见性是功，平等是德。念念无滞，常见本性，真实妙用，名为功德。内心谦下是功，外行于礼是德；自性建立万法是功，心体离念是德；不离自性是功，应用无染是德。若觅功德法身，但依此作，是真功德。若修功德之人，心即不轻，常行普敬。心常轻人，吾我不断，即自无功，自性虚妄不实，即自无德。为吾我自大，常轻一切故。

"善知识，念念无间是功，心行平直是德；自修性是功，自修身是德。

"善知识，功德须自性内见，不是布施供养之所求也。是以福德与功德别。武帝不识真理，非我祖师有过。"

【注释】①大会斋：就是在大法会中兼用斋饭。②梁武帝：南朝梁国的开国皇帝萧衍。梁武帝博学能文，笃信佛教，曾三次舍身出家同泰寺。

【译文】有一天，韦璩刺史为惠能大师举行大会斋。吃完了斋饭后，刺史请大师登上尊位，然后和其他官僚、整肃仪容，向大师行了两次拜礼，然后叩问："弟子听大师说法，感到实在奥妙得不可思议。现在还有些疑问，希望您大发慈悲再给解说一下。"

惠能大师说："有什么疑问就问吧，我应当给你们解说。"

韦刺史说："和尚您说的，是不是达摩祖师的宗旨？"

惠能大师说："是的。"

韦公说："弟子听说，菩提达摩祖师开始度化梁武帝时，梁武帝问达摩：'我一辈子都在建造寺庙，敕度僧人、布施财物、广设斋会，这些善行有什么功德？'达摩祖师说：'实在没有什么功德。'弟子还没有明白其中的道理，希望师父替我解说。"

惠能大师说："武帝的确没有什么功德，你不要怀疑先辈圣人的话。武帝心存邪见，不懂得真正的佛法。建造寺庙，敕度僧人，布施财物，施舍斋饭，这叫求福，不能把求福当做功德。功德存在于法身中，而不在求得福报的善事上。"

惠能大师又说："明心见性就是功，平等无二就是德。每念之间没有滞碍，常能认识自己的本性，发挥自性的真实妙用，这叫功德。内心谦虚就是功，外在的行为有礼就是德。从真如自性中建立万法就是功，心体远离一切妄念就是德；念念不离自性就是功，应用万端而不染着就是德。如果要寻求功德法身，只要依照这样去做，就是真正的功德。如果真是修功德的人，心里就不会轻慢他人，而能普遍尊敬一切众生。如果心中经常轻慢他人，我执没有断除，自然不会有功；自己的心性虚妄不实，自然没有德；这是因为我执未除，自高自大而常常轻视一切的缘故。

各位善知识，正念不间断就是功，心行平直就是德；自修心性就是功，自修身行就是德。

各位善知识，功德必须向自性中求，而不是藉着布施供养所能求得到的，所以福德与功德是不同的。梁武帝不认识这个真理，无法契入，并不是我们的祖师言行有过错。"

刺史又问曰："弟子常见僧俗念阿弥陀佛[①]，愿生西方。请和尚说，得生彼否? 愿为破疑。"

师言："使君善听，惠能与说。世尊在舍卫城中，说西方引化，经文分明，去此不远。若论相说里数，有十万八千，即身中十恶八邪[②]，便是说远。说远为其下根，说近为其上智。

"人有两种，法无两般。迷悟有殊，见有迟疾。迷人念佛求生于彼，悟人自净其心。所以佛言：'随其心净，即佛土净。'

"使君东方人，但心净即无罪；虽西方人，心不净，亦有愆③。东方人造罪，念佛求生西方；西方人造罪，念佛求生何国？

"凡愚不了自性，不识身中净土，愿东愿西，悟人在处一般。所以佛言：'随所住处恒安乐。'使君心地但无不善，西方去此不遥；若怀不善之心，念佛往生④难到。今劝善知识，先除十恶，即行十万；后除八邪，乃过八千。念念见性，常行平直，到如弹指，便睹弥陀。"

【注释】①阿弥陀佛：又称"接引佛"，意为无量光明、无量寿命、无量觉者。该佛是净土宗的主要信仰对象，能接引念佛人前往"西方净土"，被称为"西方极乐世界"的教主。②十恶八邪：十恶指杀生、偷盗、邪淫、妄语、两舌（挑拨是非）、恶口（恶毒语言）、绮语（花言巧语或风流话）、贪欲、嗔恚、邪见。八邪指邪语、邪见、邪思、邪业、邪命、邪精进、邪念、邪定。③愆：罪过。④往生：佛教专指离开娑婆世界，前往弥陀极乐净土，净土宗常用语。

【译文】韦刺史接着又问："弟子常见一般出家或在家的人称念阿弥陀佛名号，发愿往生西方极乐世界。请和尚解说，这样的修行是否能往生西方极乐世界？希望和尚为我破除心中的疑惑。"

惠能大师说："使君请听，惠能给你讲，当世尊在舍卫城的时候，就讲说过引度众生往生西方净土时，经文里说得清楚，西方极乐世界离这儿并不远。但如果按一般的里程计算，那就有十万八千里那么远，这是指众生身上的十恶八邪，因此说远。说远是针对根性低下的人，说近是针对智慧高明的人。

"人的根性虽有利、钝两种，但佛法并没有两样。只因执迷和觉悟有分别，所以认识本心也就有迟钝和敏捷的不同。执迷的人靠口里念诵佛号希望来生能在西方，觉悟的人则重视让自己的心灵洁净。所以佛说：'随着自心清净，佛土自然清净。'

"韦使君，假使东方人，只要保持心念清净，就不会有罪过；假使西方净土的人，心念不清净，照样也会有罪过。东方人造作下罪孽，想通过念诵佛号以往生西方，那么西方人造作下罪孽，他念佛号又希望往生到什么国土呢？

"凡夫愚众不了悟自己的本性，不认识自己身中的净土，只是发愿求生东方往生西方，而觉悟了的人无论在什么地方都是净土，所以佛说，随便在哪里都能获得安乐。使君你只要心里没有不善的念头，西方离这儿并不遥远；如果有不善的心思，想靠念诵佛号求生极乐世界那是难以实现的。现在我奉劝各位善知识，先除掉自己身上的十恶，那就已经走过十万里了，再除掉八邪，那就又走了八千里。每一个念头都能认识自己的佛性，保持行为公平正直，那么到达西方极乐世界只是弹指一挥间的事，立刻就能见到阿弥陀佛。"

"使君但行十善①，何须更愿往生？不断十恶之心，何佛即来迎请？若悟无生顿法，见西方只在刹那。不悟念佛求生，路遥如何得达？惠能与诸人移西方于刹那间，目前便见，各愿见否？"

众皆顶礼②云："若此处见，何须更愿往生？愿和尚慈悲，便现西方，普令得见。"

师言："大众，世人自色身③是城，眼、耳、鼻、舌是门。外有五门，内有意门。心是地，性是王，王居心地上。性在王在，性去王无。性在身心存，性去身心坏。佛向性中作，莫向身外求。

"自性迷即是众生，自性觉即是佛。慈悲即是观音，喜舍名为势至④，能净即释迦，平直即弥陀。

"人我是须弥，邪心是海水，烦恼是波浪，毒害是恶龙，虚妄是鬼神，尘劳是鱼鳖，贪嗔是地狱，愚痴是畜生。

"善知识，常行十善，天堂便至。除人我，须弥倒。去邪心，海水竭。烦恼无，波浪灭。毒害除，鱼龙绝。自心地上觉性如来，放大光明，外照六门清净，能破六欲诸天⑤。自性内照，三毒即除，地狱等罪，一时销灭。内外明彻，不异西方。不作此修，如何到彼？"

大众闻说，了然见性。悉皆礼拜，俱叹善哉，唱言："普愿法界众生，闻者一时悟解。"

【注释】①十善：与十恶相对。即不杀生、不偷盗、不邪淫、不妄语、不两舌、不恶口、不绮语、不贪欲、不嗔恚、不邪见，是十种善行。②顶礼：佛教的礼仪，称为"五体投地"，即两肘、两膝和头着地，并且用头顶礼对方的足。③色身：指人的肉体，佛教认为是由地、水、火、风四种要素（色法）组成。④势至：即大势至菩萨，他能以智慧之光普照一切，让地狱、饿鬼和畜生三恶道中的众生都"得无上力"，故名"大势至"。⑤六欲诸天：欲界的六重天，即四天王天、忉利天、夜摩天、兜率天、化乐天、他化自在天。

【译文】"韦使君，只要能够修行十善，何须再发愿往生西方呢？如果不能断除十恶的心念，又有哪一位佛会来迎请你呢？如果能够领悟'无生无灭'的顿教佛法，见到西方净土就只在一刹那间；如果不能领悟道理，想靠念诵佛号以求往生西方，路途遥远怎么能够到达？我要替大家在一刹那间把西方净土移来，让大家马上就亲眼看到，各位愿意看吗？"

大家都礼拜说："如果能在这儿就看见西方净土，哪还需要再发愿往生西方呢？请求和尚大发慈悲，就把西方显现在眼前，让我们都看一看。"

惠能大师说："诸位，世间上的人，自己的色身就如同一座城，眼、耳、鼻、舌诸根好比是城门；在外面有五座门，里面有一座意门，自心好比土地，自性好比国王，国王就住在心地上。自性不离心地，国王就存在；自性离开了心地，国王也就不存在。所以自性若在，则身心俱存；性若离，则身心俱坏。要作佛，须向自性中求，切莫向身外去求作佛！"

"自性若迷，就是众生；自性若觉，就是佛。心存慈悲，自身就是观音菩萨；能够喜舍，自身就是大势至菩萨；能净化身心，自身就是释迦牟尼佛；心地平等正直，自身就是阿弥陀佛。"

"有人我二执时，障碍升起如同须弥山，产生邪恶之心念就是海水滔滔，烦恼是波浪汹涌，心存毒害之心就是凶猛的恶龙，满心虚妄之见就是扰人的鬼神，在尘劳中奔波如同鱼鳖，心存贪嗔痴三毒就是身陷地狱，愚昧痴迷就如同无知的畜生。"

"各位善知识，能够常行十善，天堂就到眼前。能够去除人与我的利害计较,须弥山便倒塌。去除邪心,滔滔海水就立刻干枯。烦恼没有了,波浪便消灭。忘去毒害之心,作怪的鱼鳖蛟龙也就绝迹了。只要认识了在自心地上就有佛性如来,自性就会放射出智慧大光明,把六门照得清明洁净,把六欲诸天都破除了。自己的本性光明向内照耀,贪、嗔、痴三毒就能立即清除,所造的地狱等罪就会瞬间被消除,这样就会达到内外都通晓透彻的境界,这就和西方极乐世界没有什么差别了。如果不这样的修行,又怎么能到达西方极乐世界呢?"

大家听了大师如此讲解,都了然见性。一起向大师施礼,感叹叫好,齐声赞美。又高声唱着说:"但愿天下众生,听到大师讲法后都能立即了悟领会。"

师言:"善知识,若欲修行,在家亦得,不由在寺。在家能行,如东方人心善;在寺不修,如西方人心恶。但心清净,即是自性西方。"

韦公又问:"在家如何修行?愿为教授。"

师言:"吾与大众说《无相颂》,但依此修,常与吾同处无别。若不依此修,剃发出家,于道何益?颂曰:

心平何劳持戒,行直何用修禅?

恩则孝养父母,义则上下相怜。

让则尊卑和睦,忍则众恶无喧。

若能钻木出火,淤泥定生红莲。

苦口的是良药,逆耳必是忠言。

改过必生智慧，护短心内非贤。

日用常行饶益^①，成道非由施钱。

菩提只向心觅，何劳向外求玄？

听说依此修行，天堂只在目前。"

师复曰："善知识，总须依偈修行，见取自性，直成佛道。时不相待，众人且散，吾归曹溪。众若有疑，却来相问。"

时，刺史官僚，在会善男信女，各得开悟，信受奉行。

【注释】①饶益：佛教指有利于他人的一切言行活动。

【译文】惠能大师说："各位善知识，如果要修行佛道，在家修行也可以，不必非要出家到寺庙。在家里能修行，就像东方人心地向善；在寺庙里不修行，就像西方人心地向恶。只要自心清净，就已经达到了自己本性中的西方净土。"

韦刺史又问："在家怎样修行佛道呢？请大师再给予教导。"

惠能大师说："我给大家说一首《无相颂》的偈语，只要根据这里面说的修行，就会像和我在一起一样，如不按照这个颂去修行，即便剃了头发出家为僧，对于佛道又有什么益处呢？颂词是：

心地平等何须烦劳持戒？行为正直哪里还用修禅？

知道报恩就能孝养父母，明白义理就能上下相怜。

懂得谦让就能尊卑和睦，能够忍辱就能制止众恶。

若能如钻木取火般勤修，污泥之中定能生出红莲。

苦口的常是治病的良药，逆耳的必是利行的忠言。

改正过失必定能生智慧，维护短处必定心内非贤。

日常生活中常利益他人，成道不是因为布施钱财。

菩提只需要向内心寻觅，何必徒劳向外求取玄妙？

听我说偈之后依此修行，西方极乐净土就在目前。

惠能大师又说："各位善知识，大家都要依照我说的偈去修行，来见取真如自性，直接成就佛道。时间不会等待人的，大家暂且回去，我要回曹溪山，大家如果有疑问，到曹溪山来问我。"

当时韦刺史、官员们和在法会中听讲的善男信女，各自都心开意解，有所领悟，都信受不疑，遵守奉行。

扫一扫
听坛经诵读

定慧品第四

【题解】本品提出《坛经》的核心思想："我此法门，从上以来，先立无念为宗，无相为体，无住为本。"无相是即相而离相，无念是即念而离念，无住是于一切之上念念不住。此中，特别注重无念，即认识境界而不为境界所转，面对世俗世界而不为世俗世界所制。"真如自性起念，六根虽有见闻觉知，不染万境，而真性常自在。"

禅宗认为佛性人人具有，智慧人人可有。只要运用智慧，就能见到佛性而成就佛果。见到佛性并不是离开智慧谈戒定，也不是离开戒定谈智慧，重要的是要定慧等持。所谓的一行三昧，就是说一切行住坐卧之中，要常行一条直心。心行正直，就不会牵挂，不会执著一切，就是真正的一行三昧。

师示众云："善知识，我此法门，以定慧为本。大众勿迷，言定、慧别。定、慧一体，不是二。定是慧体，慧是定用。即慧之时定在慧，即定之时慧在定。若识此义，即是定、慧等学。

诸学道人，莫言"先定发慧，先慧发定"各别。作此见者，法有二相。口说善语，心中不善，空有定、慧，定、慧不等。若心口俱善，内外一如，定、慧即等。自悟修行，不在于诤，若诤先后，即同迷人。不断胜负，却增我法，不离四相。

"善知识，定、慧犹如何等？犹如灯、光。有灯即光，无灯即暗，灯是光之体，光是灯之用。名虽有二，体本同一。此定、慧法，亦复如是。"

师示众云："善知识，一行三昧者，于一切处，行住坐卧，常行一直心是也。《净名经》①云：'直心是道场'，'直心是净土'。莫心行谄曲②，口但说直，口说一行三昧，不行直心。但行直心，于一切法勿有执著。迷人著法相，执一行三昧，直言'常坐不动，妄不起心'，即是一行三昧。作此解者，即同无情，却是障道因缘。

"善知识，道须通流，何以却滞？心不住法，道即通流，心若住法，名为自缚。若言常坐不动是，只如舍利弗③宴坐④林中，却被维摩诘呵⑤。

"善知识，又有人教坐，看心观静，不动不起，从此置功。迷人不会，便执成颠，如此者众，如是相教，故知大错。"

【注释】①《净名经》：也称为《维摩诘经》。②谄曲：就是谄媚不正。③舍利弗：舍利弗多罗的简称，释迦牟尼的十大弟子之一，持戒多闻，敏捷智慧，善讲佛法，称智慧第一。④宴坐：静坐。⑤维摩诘：简称"维摩"，菩萨名。

【译文】惠能大师对众人说："各位善知识，我的这个法门，是以定和慧为根本宗旨，但大家不要迷惑，说定和慧是有区别的。定和慧其实是一体，不是二分的。定是慧的本体，慧是定的应用。产生智慧时禅定就在智慧里面，入禅定时智慧就在禅定当中。如果能认识到这个道理，那就是定慧平等不二。各位修学佛道的人，不要说先入禅定然后才产生智慧，或者先产生了智慧然后才能禅定，认为两者各不相同。持有这样见解的人，就是以为佛法有两种。嘴里说要行善，心中却没有善念，那就是空有定和慧的虚名，将定和慧看做两件事了。如果心里想的和嘴上说的都是善，内外一致，定和慧就是一体。自己觉悟修行，不需要和人争辩，如果争辩定慧孰先孰后，那就和迷惑的人一样。如果不能斩断争执胜负的心思，那就增加了我执和法执，就无法远离对"我、人、众生、寿者"四相的执著。各位善知识，定和慧像什么呢？就像灯光，有灯就有光，没有灯就黑暗，灯是光的本体，光是灯的作用，名称虽然有两个，本体却是同一个。定和慧的法则，也是这样。"

惠能大师开示大众说："各位善知识，一行三昧的意思，就是无论走、停、坐还是卧，都要直接依照本心修行。《净名经》上说：'正直的心就是道场，正直的心就是净土。'不要心里想着干谄媚曲邪的事，嘴里却说着正直的门面话。嘴里说着一行三昧，却并不以正直的心思修行。应该以正直的心思来修行，对一切佛法都不要偏执。迷惑的人执著于法相，执著于一行三昧的表面，只是说要常常静坐不动，就能不生邪念妄想，说这就是一行三昧。这样解释佛道，就如同没有情识的木石一般，这是修行佛道受到障碍的原因。"

"各位善知识，佛道应该是畅通流动的，怎么却会停滞呢？心思如果不执著于法相，佛道就会畅通流动；心思如果执著于法相，那就叫自我束缚。如果说只要久坐不动就能得道，那就像舍利弗在树林中枯坐，却被维摩诘所斥责一样。"

"各位善知识，还有人教别人打坐，说只要静静地内视自己的心，不要动心，不要起念，这样就能修道成功。这些迷惑的人不能理解打坐的真义，就这样执著乱行而七颠八倒。像这样的人还不少，这样来乱作指导，实在大错特错。"

师示众云："善知识，本来正教，无有顿、渐，人性自有利钝。迷人渐修，悟人顿契。自识本心，自见本性，即无差别，所以立顿、渐之假名。

"善知识，我此法门，从上以来，先立无念为宗，无相为体，无住为本。无相者，于相而离相；无念者，于念而无念；无住者，人之本性，于世间善恶、好丑，乃至冤之与亲，言语触刺欺争之时，并将为空，不思酬害①，念念之中，不思前境。若前念、今念、后念，念念相续不断，名为系缚②。于诸法上，念念不住，即无缚也。此是以无住为本。

"善知识，外离一切相，名为无相。能离于相，即法体清净。此是以无相为体。

"善知识，于诸境上，心不染，曰无念。于自念上，常离诸境，不于境上生心。若只百物不思，念尽除却，一念绝即死，别处受生，是为大错。学道者思之。若不识法意，自错犹可，更误他人。自迷不见，又谤佛经。所以立无念为宗。

"善知识，云何立无念为宗？只缘口说见性迷人，于境上有念，念上便起邪见。一切尘劳妄想，从此而生。自性本无一法可得，若有所得，妄说祸福，即是尘劳、邪见，故此法门立无念为宗。

"善知识，无者无何事？念者念何物？无者，无二相，无诸尘劳之心；念者念真如本性，真如即是念之体，念即是真如之用。真如自性起念，非眼、耳、鼻、舌能念，真如有性，所以起念，真如若无，眼、耳、色、声当时即坏。

"善知识，真如自性起念，六根虽有见闻觉知，不染万境，而真性常自在。故经云：'能善分别诸法相，于第一义而不动。'"

【注释】①酬害：就是报复的意思。②系缚：烦恼的别名。因烦恼如绳能缠缚身心，使人不得自由，故称系缚。

【译文】惠能大师开示众人说："正教本来没有顿、渐的分别，只因人的根性有利钝的不同。愚迷的人渐次修行，觉悟的人顿然契悟。如果能够识得自己本心，见到自己的本性，就没有差别了。所以，'顿、渐'二教只是设立的假名。"

"各位善知识，我这个法门，从佛祖以来，一直是首先立无念为宗旨，以无相为本体，以无住为根本。所谓无相，就是处一切相而离一切相；所谓无念，就是虽念而不执著于念；所谓无住，乃是人的本来自性。对于世间的善、恶、好、丑，乃至仇人和亲人，有言语的冒犯、讽刺，或欺凌纷争的时候，都一概视为虚空幻相，不会想到报复仇害。在念念之中，不寻思过去的境界。如果前念、今念、后念，念念相续，不能断绝，就叫作系缚；相反在一切法上，念念不执著，这样就没有系缚，这就是以无住为本。"

"各位善知识，外离一切相，就叫作无相。能离于一切相，则自性法体自然清净，这就是以无相为体。"

"各位善知识，在接触世间万事万物时不被其所沾染，就叫作无念。在自己的心念上，时常脱离事物的表象，不在所遇到的事物现象上起心动念。但是，如执著于什么也不想，把念头全部断绝，一念断绝就死，一样还要到别处去受生轮回，这是极大的错误。学道的人应该好好的想一想，如果不认识佛法大意，自己错了还罢了，却又再误导他人；自己愚迷不见真理，又毁谤佛经。所以要立无念为宗。"

"各位善知识，为什么要以无念为宗旨呢？只因为那些在口头上说见性而愚迷之人，一遇外境就起心念，在心念上就产生各种偏邪的见解，于是一切世俗的妄想也就随之产生了。菩提自性从来就不是可以通过某种具体方法可以获得的。如果自以为获得了，而乱说祸福，那就是世俗偏见。所以我这个法门要立无念为宗旨。"

"各位善知识，所谓无，无的是什么？所谓念，又念什么东西呢？所谓无就是说没有差别二相，没有各种世俗的想法；所谓念，就是念真如自性，真如自性是念的本体，念是真如自性的起用。真如本性起念是真念，这不是从眼、耳、鼻、舌出生的念。真如有体性，所以才会起念。真如也就是性王，如果没有真如自性，那么眼中之色和耳中之声等立刻就会消失。"

　　"各位善知识，真如自性虽然起了这个念，六种感觉器官虽然能看见、听到、感觉、认知，但不被外在的一切事物现象所侵染，真如自性是永恒自在的。所以佛经上说：能够善于区分识别各种外在的法相，正由于不动心念，这就是第一要义。"

坐禅品第五

【题解】坐禅的目的在于排除妄念，但妄念从哪里来？无非还是从心上来的。所以颠倒就是妄念，觉悟则为菩提，"故知心是幻，无所著也。"坐禅时一心不动能入定，当然是好的，但仅仅这样还不够，因为一旦进入尘世生活，面对烦恼我们常常会不自觉地动心乱心，所以六祖告诉我们关键是要"自性不动"。反之，如果"身虽不动，开口便说他人是非、长短、好恶，与道相违，若著心著净，即障道也。"这样的人依然是"迷人"。怎样才叫真正的坐禅？"无障无碍处于一切善恶境界，心念不起，名为坐；内见自性不动，名为禅。"只有这样，才能在行住坐卧之间处处了悟自性。所以六祖并不是反对坐禅，而是要我们"外离相"，"内不乱"，归根结底还是要明心见性。南台和尚有首禅诗，曾发挥了这一精神："南台静坐一炉香，终日无心万虑忘。不是息心除妄念，只缘无事可商量。"这就是自见本性，就是"见诸境心不乱""见自净自定"，方"自成佛道"。

师示众云："此门坐禅，元①不著心，亦不著净，亦不是不动。若言著心，心元是妄，知心如幻，故无所著也。若言著净，人性本净，由妄念故，盖覆真如，但无妄想，性自清净。起心著净，却生净妄，妄无处所，著者是妄。净无形相，却立净相，言是工夫，作此见者，障自本性，却被净缚②。

"善知识，若修不动者，但见一切人时，不见人之是非、善恶、过患，即是自性不动。

"善知识，迷人身虽不动，开口便说他人是非、长短、好恶，与道违背。若著心著净，即障道也。"

师示众云："善知识，何名坐禅？此法门中，无障无碍，处于一切善恶境界，心念不起，名为坐；内见自性不动，名为禅。

"善知识，何名禅定？外离相③为禅，内不乱为定。外若著相，内心即乱，外若离相，心即不乱。本性自净自定，只为见境、思境即乱，若见诸境，心不乱者，是真定也。

善知识，外离相即禅，内不乱即定。外禅内定，是为禅定。《菩萨戒经》云：'我本元自性清净。'善知识，于念念中，自见本性清净，自修自行，自成佛道。"

【注释】①元：通原。意即原本，本来。②净缚：指追求"净相"过分而被束缚。③外离相：指内心对外在事物和现象都不执著。

【译文】惠能大师开示众人说："这个法门中所说的坐禅，本是不执著于心，也不执著于一味看净，也不是静坐不动。如果说执著于心，心念原本是虚妄的，所以不可执著；如果说执著于追求清净的话，人的自性本来清净，因为有了无明妄念，遮蔽覆盖了真如本性。只要没有妄念、邪见，自性本来就是清净的。如果生起执著心追求所谓的清净，就会产生净的虚妄；虚妄没有一定的处所，有了执著，就是虚妄。净原本也没有形相，现在却立出了净的形相，还说这是修行的工夫；有了这样错误的见解，就会障蔽自己的真如自性，反而被净相所缠缚。

"各位善知识，所谓修不动心者，如果能在见一切人时，不见他人的是非善恶、功过得失，这就是自性不动。"

"善知识！愚迷的人，身体虽然不动，但是一开口便说他人的是非、长短、好坏，这就与正道相违背了。如果执著于心或执著于净，就障蔽了正道。"

惠能大师开示众人说："各位善知识，什么叫坐禅？这个法门中，于一切通达无碍，对一切善恶不起念，这就是坐；内心能自见本性而不乱，这就称为禅。"

"各位善知识，什么叫禅定？外在任何事相永远都不会干扰自己就叫'禅'，内心永远平和不纷乱，就是'定'。如果执著于外在事相，内心就会纷乱；如果能远离外在事相，内心就不会纷乱。人的自性本来就是清净和安定的，只是因为执著于外境，内心就跟着乱了。如果见一切外境而内心不散乱的，那就是真正的'定'了。"

"各位善知识，外离一切相是禅，内在保持不乱是定。外禅内定就叫禅定。《菩萨戒经》说：'我的本性原本清净。'各位善知识，在每个念头中，都能自见本性清净，自己修持、自己实践，那佛道自然就修成功了。"

忏悔品第六

【题解】本品从"识自本心，见自本性"的原则出发，提出了三个新的观点：自性五分法身香；无相忏悔；皈依自性三宝。

所谓自性五分法身香，是指不仅要传外在的有相的香，更要传我们自性中本有的五分法身香，实际上就是"念念自净其心，自修其心，自度自戒"。具体来说就是从戒除心中过非、恶念入手，不为诸善恶境界所乱，对善恶等无分别，自心无所攀缘而自在无碍到无我、无人，直至菩提，通过这样不断提升自己的过程，完成清净自性的引发。

无相忏悔则是忏悔内心的贪、瞋、痴三毒，令三业清净，它侧重通过了知缘起性空的道理，从根本上去掉我们的烦恼习气，强调有了过非之后即时忏悔，迷途知返，由此重新树立自信。这种能够"尊重己灵"的人不会有意犯过、造业，即使无意犯了，也能及时改过。有了这种自觉的忏悔，我们就能对生命的净化和解脱生起一种迫切的渴望和高度的自信。由此自然能念念自净其心了。

皈依自性三宝，并不是说在住持三宝之外有个对立物，因为二者本来就是一致的："三身佛在自性中"，凡夫即佛，佛即凡夫。所以皈依三身佛实际上就是皈依自性; 体证三身佛就是开发我们自性本具的功德智慧。六祖提出皈依自性三宝, 就是要我们认识到: 凡圣本来无二, 只是众生的三身为无明烦恼所障, 处在一种迷染的状态, 而智者则已经拂去浮云遮蔽。凡夫只要能 "自除迷妄", 就可以 "内外明澈" 了。所以众生与佛的区别就在能否自净其心。"思量恶事, 化为地狱; 思量善事, 化为天堂。" 这仍然是叫我们不要向外寻求, 时刻识自本性。这种成佛之道叫做 "自皈依"。

时, 大师见广、韶①洎四方士庶骈集山中听法, 于是升座告众曰:"来! 诸善知识! 此事须从自性中起。于一切时, 念念自净其心, 自修自行, 见自己法身, 见自心佛, 自度自戒, 始得不假到此。既从远来, 一会于此, 皆共有缘。今可各各胡跪②, 先为传自性五分法身香③, 次授无相忏悔。"

众胡跪。

师曰:"一, 戒香, 即自心中无非、无恶、无嫉妒、无贪嗔、无劫害, 名 "戒香"。二, 定香, 即睹诸善恶境相, 自心不乱, 名 "定香"。三, 慧香, 自心无碍, 常以智慧观照自性, 不造诸恶; 虽修众善, 心不执著; 敬上念下, 矜恤孤贫, 名 "慧香"。四, 解脱香, 即自心无所攀缘④, 不思善, 不思恶, 自在无碍, 名 "解脱香"。五, 解脱知见香, 自心既无所攀缘善恶, 不可沈空守寂, 即须广学多闻, 识自本心, 达诸佛理, 和光接物, 无我无人, 直至菩提, 真性不易, 名 "解脱知见香"。

"善知识，此香各自内熏⑤，莫向外觅。"

【注释】①广、韶：今广州和韶州。②胡跪：胡，指北方少数民族。即北方少数民族的跪坐方法。胡跪分左跪、互跪和长跪三种。佛教采取左跪。③自性五分法身香：五分法身香，即戒香、定香、慧香、解脱香、解脱知见香。惠能认为这五种功德法而成的佛身就存在于自性中，所以叫"自性五分法身"。④攀缘：指如猿猴攀附树枝藤蔓，比喻人的心思随外物而变化。⑤内熏：此处指默化熏染自心。

【译文】当时，广州、韶州以及来自全国四面八方的读书士子和庶民百姓汇聚曹溪山，要听惠能大师讲法，于是惠能大师升上法座对大家说："来吧，各位善知识。修行佛道必须要从认识自己的本性上做起。在任何时候，在每一个念头中，都要让自己的心清净，修正自己的言行，识见自己的法身，认知自己心中的佛，自我超度，自觉持守戒律，这才不虚此行前来听法。既然大家都是远道而来，一起聚会于此，可见我们都是有缘分的。大家请现在都左膝着地跪下，我先为你们传授自性五分法身香，然后再传授无相忏悔。"

大家都胡跪着听法。

惠能大师说："一是戒香，就是自己心中没有是非心，没有恶念，没有嫉妒，没有贪婪、嗔怒，没有抢劫伤害之心，这就叫做戒香。二是定香，就是看到各种善境恶事的现象，自己能保持心不散乱，这就叫做定香。三是慧香，自己的心中自由通达而没有阻滞，经常用智慧观照自己的本性，不做各种恶行，虽然做了许多善事，但心中并不执著自得，能尊敬长辈，关心晚辈，体恤孤独和贫穷的人，这就叫做慧香。四是解脱香，就是自己的心并不追逐什么，既不想善，又不想恶，总是自由自在而没有障碍，这就叫做解脱香。五是解脱知见香，自己既不追逐分辨善恶，又不可以沉溺空虚耽爱寂寞，而必须广泛学习，扩大见闻，认识自己的本心，通晓各种佛理，与世俗和睦相处，不分别执著人我，直到达到菩提境界，真如自性一点都不改变，这就叫做解脱知见香。

"各位善知识，这种'自性五分法身香'都要各自在自己内心熏染，不要到外面去寻求。"

"今与汝等授无相忏悔，灭三世罪，令得三业①清净。

"善知识，各随我语，一时道：'弟子等，从前念、今念及后念，念念不被愚迷染；从前所有恶业、愚迷等罪，悉皆忏悔。愿一时销灭，永不复起。弟子等，从前念、今念及后念，念念不被骄诳染。从前所有恶业，骄诳等罪，悉皆忏悔，愿一时销灭，永不复起。弟子等，从前念、今念及后念，念念不被嫉妒染。从前所有恶业、嫉妒等罪，悉皆忏悔，愿一时销灭，永不复起。'

"善知识，以上是为无相忏悔。

"云何名忏？云何名悔？忏者，忏其前愆。从前所有恶业，愚迷、骄诳、嫉妒等罪，悉皆尽忏，永不复起，是名为忏。悔者，悔其后过，从今以后，所有恶业，愚迷、骄诳、嫉妒等罪，今已觉悟，悉皆永断，更不复作，是名为悔。故称忏悔。凡夫愚迷，只知忏其前愆，不知悔其后过。以不悔故，前愆不灭，后过又生。前愆既不灭，后过复又生，何名忏悔？

"善知识，既忏悔已，与善知识发四弘誓愿②。各须用心正听：

自心众生无边誓愿度，自心烦恼无边誓愿断，自性法门无尽誓愿学，自性无上佛道誓愿成。

"善知识，大家岂不道'众生无边誓愿度'？怎么道③，且不是惠能度。

"善知识，心中众生，所谓邪迷心、诳妄心、不善心、嫉妒心、恶毒心，如是等心，尽是众生。各须自性自度。是名真度。

"何名自性自度？即自心中邪见、烦恼、愚痴众生，将正见度。既有正见，使般若智打破愚痴迷妄众生，各各自度。邪来正度，迷来悟度，愚来智度，恶来善度。如是度者，名为真度。"

【注释】①三业：身业、口业、意业，分别指人们的行为、语言和思想。②四弘誓愿：大乘佛教中菩萨为拯救众生出苦海，立下四个誓言和愿望。禅宗从自心自性上立论，赋予四弘誓愿新的内容。③怎么道：这样说。

【译文】"现在我再给你们传授无相忏悔，除灭过去、现在、未来三世的罪业，让你们的身、口、意三业都清净。"

"各位善知识，请大家都随我念诵：'弟子等，从前念、现念、一直到后念，念念都不被愚昧迷惑所污染，以前所造作的一切恶业以及愚昧迷惑等罪，现在完全以至诚的心忏悔，誓愿都能同时消除灭尽，今后永远不再生起。弟子等，从前念、现念，一直到后念，念念都不被骄傲狂妄所污染，以前所造作的一切恶业以及骄傲狂妄等罪，现在完全以至诚的心忏悔，誓愿都能同时消除灭尽，今后永远不再生起。弟子等，从前念、现念，一直到后念，念念不被嫉妒所污染，以前所造作一切恶业以及嫉妒等罪，现在完全以至诚的心忏悔，誓愿都能同时立刻消灭，今后永远不再生起。'

"各位善知识，以上所说就叫做无相忏悔。"

"什么叫做忏？什么叫做悔？所谓忏，就是坦白承认自己以前所犯的过失，把以前所有的恶业，愚痴、骄狂、嫉妒等罪，完全忏除干净，今后永不再起，这就叫做忏。所谓悔，就是反思悔改自己以后会造的罪业，从今以后，所有的恶业，愚痴、骄狂、嫉妒等罪过，现在都已觉悟，完全永远断除，更不再造作，这就叫做悔。因此总称为忏悔。凡夫愚迷，只知道忏除自己以前所犯的罪业，而不知道悔改以绝除今后会造的罪业。因为不知悔改的原故，所以从前的罪业未能灭除，往后的过失又频频生起。既然以前的罪业不能灭除，后来的过失又再生起，这怎么能称为忏悔呢？"

"各位善知识，现在忏悔已传授完了，再和各位发四弘誓愿。请大家用心谛听：

自心的众生无边，我誓愿度尽；自心的烦恼无尽，我誓愿断尽；自性里的法门无量，我誓愿修学；自性的佛道无上，我誓愿成就。"

"各位善知识，大家不是都说'众生无边誓愿度'吗？那么怎么去度呢？这么说，就不是我来度你们了。"

"各位善知识，所谓心中的众生，是指所谓的邪迷心、狂妄心、不善心、嫉妒心、恶毒心，诸如此类种种不善心，都是自己心中的众生，大家应该自性自度，这才叫做真度。"

"什么叫自性自度呢？就是说对自己心中的邪见、烦恼、愚痴等众生，用正见来度，有了正见，让般若智慧打破愚痴迷妄的众生，各自用自性自度。邪见来时用正见度，执迷来时用觉悟度，愚痴来时用智慧度，恶念来时用善念度，这样来度心中的众生。这样度脱，就叫做真度。"

"又，烦恼无边誓愿断，将自性般若智除却虚妄思想心是也。又，法门无尽誓愿学，须自见性，常行正法，是名真学。又，无上佛道誓愿成，既常能下心，行于真正，离迷离觉，常生般若，除真除妄，即见佛性，即言下佛道成。常念修行，是愿力法。

"善知识，今发四弘愿了，更与善知识授无相三皈依戒①。善知识，皈依觉，两足尊；皈依正，离欲尊；皈依净，众中尊。

"从今日去，称觉为师，更不皈依邪魔外道，以自性三宝常自证明。劝善知识，皈依自性三宝：佛者，觉也；法者，正也；僧者，净也。自心皈依觉，邪迷不生，少欲知足，能离财色，名"两足尊"；自心皈依正，念念无邪见，以无邪见故，即无人我、贡高、贪爱、执著，名"离欲尊"；自心皈依净，一切尘劳爱欲境界，自性皆不染著，名"众中尊"。

"若修此行，是自皈依。凡夫不会，从日至夜，受三归戒。若言皈依佛，佛在何处？若不见佛，凭何所归？言却成妄。

"善知识，各自观察，莫错用心。经文分明言自皈依佛，不言皈依他佛。自佛不归，无所依处。

"今既自悟，各须皈依自心三宝。内调心性，外敬他人。是自皈依也。

"善知识，既皈依自三宝竟，各各志心。吾与说一体三身自性佛。今汝等见三身，了然自悟自性。总随我道：

于自色身皈依清净法身佛，于自色身皈依圆满报身佛，于自色身皈依千百亿化身佛。

"善知识，色身是舍宅，不可言归。向者三身佛，在自性中，世人总有。为自心迷，不见内性。外觅三身如来，不见自身中有三身佛。汝等听说！令汝等于自身中见自性有三身佛。此三身佛，从自性生，不从外得。"

【注释】①无相三皈依戒：是自心的皈依，并不皈依和信奉外在的崇拜对象。"三皈依"，简称"三皈"，也作"三皈戒"。佛门教徒入教时，须于师父前受"皈依佛、皈依法、皈依僧"三皈依。

【译文】"另外，烦恼无边誓愿断，是指用自性中的般若智慧，除掉虚妄的念头。另外，法门无尽誓愿学，那必须自己明白了悟自己的本性，经常按照正确的佛法修行，这才叫真正的学习。另外，无上佛道誓愿成，就必须经常虚心体会，按照真正的佛法修行，不执著于迷惑也不执著于觉悟，常常生起般若智慧，不偏执于真，也不偏执于妄，这样就可以见到佛性了，就可以很快成就佛道了。大家要永远记住修行四弘誓愿的方法。"

"各位善知识，大家现在已经发了四弘誓愿，再与大家传授无相三皈依戒。各位善知识，皈依了觉悟，就会有'两足尊'（福与慧都满足的尊严）；皈依了正见，就会有'离欲尊'（远离恶欲的尊严）；皈依清净，就会有'众中尊'（在众生中受人敬重的尊严）。"

"从今以后，就要把觉悟当做老师，而不要皈依邪魔外道，要用自我心中的三宝（佛、法、僧）来自证自悟。我奉劝各位善知识要皈依自己本性中的三宝。佛就是觉悟；法就是正见；僧就是清净。自心皈依了觉悟，邪恶与迷妄不再产生，减少了尘俗的欲望而能知足，能远离金钱美色的引诱，这就叫做两足尊。自心皈依了正见，思维都没有邪见。因为没有了邪见，就不再有别人和自我的区分意识，不再有骄傲、贪爱、执著，这就叫做离欲尊。自心皈依了清净，所有的凡俗牵累和爱欲的境界，自我本性都不沾染执著，这就叫做众中尊。"

"如果以此修行，就是自性皈依。凡夫不理解这一点，从早到晚，都在形式上接受三皈的戒律。如果说皈依佛，佛在哪儿？如果不知道佛在哪儿，又凭什么皈依呢？这样说皈依佛就成了说妄语。"

"各位善知识，请大家注意观察自性，不要错用了心意。佛经上分明是说自皈依佛，没有说皈依他佛，不皈依自性的佛，就没有可以皈依的地方。"

"现在既然已经自己觉悟了，各人要皈依自己内心的三宝，在内调适自己的心性，在外尊敬别人，这就是自皈依。"

"各位善知识，既然皈依了自性的三宝，各人都要牢记在心。我给你们说说一体三身自性佛。现在你们都能够见到自性三身，了解自我觉悟自己的本性。现在跟着我说：

以自色身皈依清净法身佛；以自色身皈依圆满报身佛；以自色身

皈依千百亿化身佛。"

"各位善知识，色身就像房屋，不能说皈依色身。从来法身、报身、化身这三身佛，都在自己的本性中，世人都有。只是因为自己的心被迷惑，不能认识自己内在的本性，却到外面去寻觅三身佛，看不到自身就有三身佛。现在你们仔细谛听，我要让你们在自心中见到自性所具有的三身佛。这三身佛，都是从自性中产生，不是从外面寻求得到的。"

何名清净法身佛？世人性本清净，万法从自性生。思量一切恶事，即生恶行；思量一切善事，即生善行。如是诸法在自性中，如天常清，日月常明，为浮云盖覆，上明下暗，忽遇风吹云散，上下俱明，万象皆现。世人性常浮游，如彼天云。

善知识，智如日，慧如月，智慧常明。于外著境，被自念浮云盖覆自性，不得明朗。若遇善知识，闻真正法，自除迷妄，内外明彻，于自性中万法皆现。见性之人，亦复如是，此名清净法身佛。

善知识，自心皈依自性，是皈依真佛。自皈依者，除却自性中不善心、嫉妒心、谄曲心、吾我心、诳妄心、轻人心、慢他心、邪见心、贡高心，及一切时中不善之行；常自见己过，不说他人好恶，是自皈依。常须下心，普行恭敬，即是见性通达，更无滞碍，是自皈依。

何名圆满报身？譬如一灯能除千年暗，一智能灭万年愚。莫思向前，已过不可得，常思于后，念念圆时，自见本性。

善恶虽殊，本性无二。无二之性，名为实性。于实性中，不染善恶，此名圆满报身佛。

自性起一念恶，灭万劫善因；自性起一念善，得恒沙恶尽。直至无上菩提，念念自见，不失本念，名为报身。

何名千百亿化身？若不思万法，性本如空；一念思量，名为变化。思量恶事，化为地狱；思量善事，化为天堂。毒害化为龙蛇，慈悲化为菩萨，智慧化为上界①，愚痴化为下方②。自性变化甚多，迷人不能省觉，念念起恶，常行恶道，回一念善，智慧即生，此名自性化身佛。

善知识，法身本真，念念自性自见，即是报身佛。从报身思量，即是化身佛。自悟、自修自性功德，是真皈依。皮肉是色身，色身是宅舍，不言皈依也。但悟自性三身，即识自性佛。吾有一《无相颂》，若能诵持，言下令汝积劫迷罪，一时销灭。颂曰：

迷人修福不修道，只言修福便是道；
布施供养福无边，心中三恶元来造。
拟将修福欲灭罪，后世得福罪还在；
但向心中除罪缘，各自性中真忏悔。
忽悟大乘真忏悔，除邪行正即无罪；
学道常于自性观，即与诸佛同一类。
吾祖惟传此顿法，普愿见性同一体；
若欲当来觅法身，离诸法相心中洗。

努力自见莫悠悠，后念忽绝一世休；

若悟大乘得见性，虔恭合掌至心求。

师言："善知识，总须诵取，依此修行！言下见性，虽去吾千里，如常在吾边。于此言下不悟，即对面千里，何勤远来，珍重好去。"

一众闻法，靡不开悟，欢喜奉行。

【注释】①上界：即欲界天、色界天、无色界天，指诸天。②下方：指三恶道，即地狱、饿鬼、畜生。

【译文】"什么叫做清净法身佛呢？世人的自性本来清净，一切万法都从自己的本性中产生。思虑一切恶事，就会产生邪恶的行为；思虑一切善事，就会产生善良的行为。像这样一切法都存在于自己的本性中，好似天空本是清明的，太阳和月亮本是照耀着，只是因为浮云的遮盖，变得上边明亮而下边阴暗，忽然遇上风吹来，云散了，上边和下边又都变明亮了，天地万象又都显现出来了，但世人的本性经常浮游不定，就像那天上的浮云一般。"

"各位善知识，智如太阳，慧如月亮，智慧永放光明。如果执著于外在的境界，就会有妄念像浮云一样遮蔽自己的本性，不得明朗；如果遇上了善知识，听他讲真正的佛法，自己除掉迷妄，内外都变得光明透彻，这样在自己的本性中世间万法都会呈现。认识到自己本性的人也会如此，这就是清净法身佛。"

"各位善知识，自己的本心皈依了自己的本性，就是皈依了真正的佛。所谓自皈依，就是除去自性中的不善心、嫉妒心、谄曲心、吾我心、诳妄心、轻人心、慢他心、邪见心、高傲心，及在任何时候产生的不良行为；能经常自我反省错误，而不说别人的好坏，这就是皈依自己的本性。常怀谦下之心，对人恭敬，就是自性通达自如，毫无挂碍，就实现了自性皈依。"

"什么叫做圆满报身佛呢？譬如一灯能破除千年的黑暗，一智能除去万年的痴愚。不要想以前的事，已经过去的事不可复得。要常思虑以后的事，如果以后念念圆融明彻，自然见到自己的本性。善和恶虽然不同，但本性没有两样。这没有不同的本性，就叫实性。在实性中，善恶都不沾染，这就叫做圆满报身佛。"

"自性若起一念的恶，便能消灭万劫以来所修的善因；自性中如果生起一念的善，便可灭尽多如恒河沙的恶业。从初发心一直到成就无上菩提，时常观照本性，不失见性成佛的本念，就叫做报身。"

"什么叫做千百亿化身佛？如果不思量万事万物，人的自性本来就如虚空。如果对万法有了一念思虑，这就叫做变化。思虑恶事时，自心变化为地狱的境界；思虑善事时，自心变化为天堂的境界；生起毒害的念头时，自心变化为龙蛇的境界；生起慈悲的念头，自心变化成菩萨的境界；自性流露智慧时，自心变化为上界诸天的境界；自性执著愚痴时，自心变化成为下界三途的境界。自性的变化非常多，省察觉悟，念念生起恶心，所以经常在恶道中行走。如果能回转一念的善心，就能生出般若智能，这叫做自性化身佛。"

"各位善知识，法身本来人人具足，念念得见自性，就是报身佛。从报身佛思量变化，就是化身佛。自己觉悟、自己修行自性功德，就是真皈依。皮肉就是色身,色身譬若住宅,不可说是皈依。只有了悟自性中本具三身,才是认识了自性佛。我有一个《无相颂》,如果能读诵受持,当下就可以让你们多劫累积的迷妄顿时消灭。这颂是:

　　迷人只知修福不知修道,因此误认修福就是修道。

　　布施供养虽能得无边福,原来是由心中三恶造作。

　　如果想以修福来灭罪业,来世即使有福罪业还在。

　　只有向自心中根除罪缘,各自在自性中行真忏悔。

　　倘能顿悟大乘真忏悔法,去邪迷行正道就能无罪。

　　学道能够经常观照自性,就和十方诸佛等同一类。

　　我的祖师只传顿教法门,普愿大家见性同证佛体。

　　如果想要未来获得法身,必须离诸法相心中如洗。

　　努力自见性不要空蹉跎,否则后念忽断此生休矣。

　　若想觉悟大乘见自本性,虔诚恭敬合掌至心请求。

　　惠能大师说:"各位善知识,大家都要念诵记取,依照此颂去修行。如果听了以后能够立即见性,那么即使和我远隔千里,也如同常在我身边一样。如果听了以后不能开悟,即使在我对面也如同远隔千里,又何必辛苦远来求法?请各自珍重好好回去吧。"

　　大家听了惠能大师的佛法,无不心领神会,欢喜踊跃,信受奉行。

扫一扫
听坛经诵读

机缘品第七

【题解】这一品主要记叙惠能与弟子无尽藏尼、法海、法达、智通、智常、志道、行思、怀让、玄觉、智隍等的说法机缘及随缘普度众生。

惠能大师回答无尽藏尼时说：诸佛妙理，非关文字。真正的佛理，是什么也不执著的。"所谓不立文字，并非不用文字"。"立"是执著，不立文字就是读经时不要拘泥执著于文字本身，而并不是有些人理解的不要读经。三藏十二部佛教经典都是用文字记载的，离开文字，就无从理解教义。但如果仅从字面着眼，不解精要，就会像法达一样诵经三千部而"不识宗趣"。要是斤斤计较于文字门派之争，却不将佛法认真实行，这种人更是书读得越多，障碍反而越大。所以读经的最终目的还是为了修行，是为了启发我们的自性。"自迷《法华》转"是执著于文字，"心悟转《法华》"才是了解精义，所以"不立文字"仍然是为了悟得自性。

师自黄梅得法，回至韶州曹侯村，人无知者。时，有儒士刘志略,礼遇甚厚。志略有姑为尼,名无尽藏,常诵《大涅槃经》,师暂听,即知妙义,遂为解说。尼乃执卷问字。

师曰:"字即不识,义即请问。"

尼曰:"字尚不识,焉能会义?"

师曰:"诸佛妙理,非关文字。"

尼惊异之,遍告里中耆德①云:"此是有道之士,宜请供养。"

有魏武侯玄孙曹叔良及居民,竞来瞻礼。时,宝林古寺,自隋末兵火已废,遂于故基重建梵宇②,延师居之,俄成宝坊③。

师住九月余日,又为恶党寻逐,师乃遁于前山,被其纵火焚草木,师隐身挨入石中得免。石今有师趺坐膝痕,及衣布之纹,因名"避难石"。师忆五祖怀、会,止、藏之嘱,遂行隐于二邑焉。

【注释】①耆德:指年高德劭的人。②梵宇:佛寺的异名。③宝坊:是指对寺院的美称。

【译文】惠能大师从黄梅县五祖弘忍处得到顿教法门后,回到韶州曹侯村,没有人知道他的来历。当时有位读书人叫刘志略,对惠能大师十分尊敬。刘志略有个姑母是尼师,法名叫无尽藏,经常念诵《大涅槃经》,惠能大师偶然听了她念诵,就对经文的妙谛真义了解得很透彻,于是为她讲解。无尽藏手持经书请教具体文字。

惠能说:"字我不认识,要是义理有问题我能回答。"

尼师说:"字都不认识,怎么能领会义理呢?"

大师说:"诸佛的精妙义理,和文字没有什么关系。"

尼师感到很惊奇,于是就对村里所有年高德劭的长者说:"这是一位有道高人,应该礼遇供养。"

村中有一个魏武帝曹操的后裔,名叫曹叔良的,还有其他一些村民,都争先前来施礼参拜。当时,宝林古寺自从隋朝末年经历战火兵灾,已成废墟。大家就在废庙的旧址上重新修建了一座佛庙,请惠能大师居住,很快这里就成了弘扬佛法的宝坊圣地。

惠能大师在宝林寺中住了九个多月,又被抢夺传法衣钵的恶僧党羽追寻迫害,大师就躲到前面的山里去,恶人们放火焚烧山上的草木,大师藏到一块山石后面才得以幸免。至今石头上还有大师跌坐的膝盖痕迹和衣服的褶纹,人们将这块石头叫做避难石。大师想起五祖"逢怀则止,遇会则藏"的嘱咐,就又去怀集和四会一带隐居。

僧法海,韶州曲江人也。初参祖师,问曰:"即心即佛。愿垂指谕。"

师曰:"前念不生即心,后念不灭即佛。成一切相即心,离一切相即佛。吾若具说,穷劫不尽。听吾偈曰:

即心名慧,即佛乃定。定慧等持,意中清净。悟此法门,由汝习性。用本无生,双修是正。"

法海言下大悟,以偈赞曰:

"即心元是佛,不悟而自屈。我知定慧因,双修离诸物。"

僧法达，洪州人。七岁出家，常诵《法华经》，来礼祖师，头不至地。

祖诃曰："礼不投地，何如不礼？汝心中必有一物，蕴习何事耶？"

曰："念《法华经》已及三千部。"

祖曰："汝若念至万部，得其经意，不以为胜，则与吾偕行。汝今负此事业，都不知过。听吾偈曰：

礼本折慢幢①，头奚不至地？有我罪即生，亡功福无比。"

师又曰："汝名什么？"

曰："法达。"

师曰："汝名法达，何曾达法？"复说偈曰：

"汝今名法达，勤诵未休歇。空诵但循声，明心号菩萨。汝今有缘故，吾今为汝说。但信佛无言，莲华从口发。"

达闻偈，悔谢曰："而今而后，当谦恭一切。弟子诵《法华经》，未解经义，心常有疑。和尚智慧广大，愿略说经中义理。"

师曰："法达，法即甚达，汝心不达；经本无疑，汝心自疑。汝念此经，以何为宗？"

达曰："学人根性暗钝，从来但依文诵念，岂知宗趣？"

【注释】①幢：法幢，为旗之一种，用以庄严佛菩萨及道场。慢幢：比喻骄傲高慢之心如说法时高耸之幢。礼本折慢幢：意即礼本来是消除傲慢心理的。

【译文】僧人法海，是韶州曲江县人。一开始他参拜惠能大师，他问大师："什么叫即心即佛，希望能得到您的指点教导。"

大师说："对前念不生执著，就是觉心；不要让觉心断灭，就是佛。心中想一切色相就是心，不想任何色相就是佛。我如果详细解说，那么再多的时间也说不完。请听我念这首偈语：

即心名慧，即佛乃定。定慧等持，意中清净。悟此法门，由汝习性。用本无生，双修是正。"

法海听了惠能大师的开示立刻觉悟，也写了一首偈赞叹说：

"即心元是佛，不悟而自屈。我知定慧因，双修离诸物。"

僧人法达，江西洪州人。七岁出家，经常念诵《法华经》，他来拜见大师，叩头时头不着地，很不礼貌。

惠能大师责备他说："行礼却头不着地，还不如不参拜。你心里面一定有什么值得骄傲的，平时你修习什么呢？"

法达说："我念诵《法华经》已经有三千遍了。"

惠能大师说："你如果念经书念有上万遍，并且领悟了经文妙谛，却仍然不骄傲，那才能和我一起修行。现在你就因为念诵了《法华经》三千部而骄傲自持，却还不知道这是罪过。你且听我说偈：

礼本折慢幢，头奚不至地？有我罪即生，亡功福无比。"

惠能大师又问："你叫什么名字？"

法达回答说："我叫法达。"

大师说："你名叫法达，又何曾通达了佛法呢？"又说了一偈：

"汝今名法达，勤诵未休歇。空诵但循声，明心号菩萨。

汝今有缘故，吾今为汝说。但信佛无言，莲华从口发。"

法达听完偈后，向大师悔悟谢罪说："从今以后，一定对一切都保持谦虚恭敬的态度，弟子虽然熟诵《法华经》，却没有理解其中的意义，心里经常生起疑惑，和尚您的智慧广大，希望您给我解说一下经文中的义理。"

惠能大师说："法达，即佛法本来是通达的，是你的心没有通达，经文里是没有疑惑的，是你的心中有疑惑。你诵读这本经文，知道它的宗旨是什么吗？"

法达说："学生慧根迟钝，从来就是按照经文诵读，哪里知道什么宗旨义趣呢？"

师曰："吾不识文字，汝试取经诵一遍，吾当为汝解说。"

法达即高声念经，至《譬喻品》[①]，师曰："止！此经元来以因缘出世为宗。纵说多种譬喻，亦无越于此。何者因缘？经云：'诸佛世尊，唯以一大事因缘故，出现于世。'

"一大事者，佛之知见也。世人外迷著相，内迷著空。若能于相离相，于空离空，即是内、外不迷。若悟此法，一念心开，是为开佛知见。

"佛，犹觉也。分为四门：开觉知见，示觉知见，悟觉知见，入觉知见。若闻开示，便能悟入，即觉知见，本来真性而得出现。

"汝慎勿错解经意，见他道开、示、悟、入，自是佛之知见，我辈无分。若作此解，乃是谤经、毁佛也。彼既是佛，已具知见，何用更开？汝今当信：佛知见者，只汝自心，更无别佛。盖为一切众生自蔽光明，贪爱尘境；外缘内扰，甘受驱驰，便劳他世尊从三昧起，种种苦口②，劝令寝息；莫向外求，与佛无二，故云开佛知见。

"吾亦劝一切人，于自心中常开佛之知见。世人心邪，愚迷造罪。口善心恶，贪嗔嫉妒，谄佞我慢③，侵人害物，自开众生知见。若能正心，常生智慧，观照自心，止恶行善，是自开佛之知见。

"汝须念念开佛知见，勿开众生知见。开佛知见，即是出世；开众生知见，即是世间。汝若但劳劳执念，以为功课者，何异牦牛爱尾④？"

【注释】①《譬喻品》：《妙法莲花经》中的经文。②种种苦口：指利用各种方法来教化。③我慢：执著于我而轻慢他人，即高傲自大。④牦牛爱尾：牦牛对自己的尾巴极为爱护。此处指人们执迷不悟，盲目追求不应该贪恋的东西，就像牛爱惜自己的长尾巴一样。

【译文】惠能大师说："我不认识文字，你把经文试读一遍，我给你解说。"

法达随即大声诵读经文，读到《譬喻品》时，大师说："停。这部经原来是以佛为一大事因缘出现于世为宗旨，纵然再说多少譬喻，也不会超越这个宗旨。是什么因缘呢？经上说：诸佛世尊，都是以一种

大事因缘而出现在这个世间的。'

"这一种大事，就是佛的真知正见。世俗之人在外面执著于表相，在内心又执著于空，如果能于相远离相执，于空远离空执，这就是内外都不迷惑。如果能觉悟到这种法门，在一念之中心思顿开，就是开启了佛的真知正见。"

"所谓佛就是觉悟。又分为四种法门：开觉知见，示觉知见，悟觉知见，入觉知见。如果能在听闻开示时，便能开悟契入，这就是觉的知见，心中本具的真如佛性也就显现出来了。"

"你千万不要错误地理解了经文的意思，看见经上说'开示悟入'，以为那只是佛的知见，与我们这些人不沾边。倘若这样理解，那是诽谤经典和佛祖。他既然是佛，就已经具有佛的知见了，为什么还要再开佛知见呢？你应当相信，佛的知见，就是你自己的本心，除此之外再没有其他的佛了。因为一切众生自己遮蔽了内心的光明，贪恋热衷于尘世俗境，受到外在世界和自己内在欲望的引诱，心甘情愿地被驱使，这才要劳烦世尊，从禅定中出来，用各种方式苦口婆心地，劝告众生让他们停止那些贪恋欲望，不要再向心外去妄求，这就与佛法没有区别，所以说是开佛知见。"

"我也常规劝所有人，在自己心中要常开启佛的知见。世俗人的心中有邪见，愚昧迷惑而造作罪孽，口出善言而心怀恶意，贪婪，嗔怒，嫉妒，谄媚，欺侮，骄傲，侵害别人，这样就开启了众生的知见。如果能端正心念，常常生起智慧，观照自己的心性，停止做恶而行善，这就是自己开佛知见。"

"你要让自己的每一个念头都开启佛的知见，不要开启众生的知见。开启佛的知见，就是超凡脱俗。开启了众生的知见，就是沉迷俗世。你如果只是执著于表面用功诵读经文，那和犛牛爱自己的尾巴又有什么两样？"

达曰："若然者，但得解义，不劳诵经耶？"

师曰："经有何过？岂障汝念？只为迷悟在人，损益由己。口诵心行，即是转经①；口诵心不行，即是被经转。听吾偈曰：

心迷《法华》转②，心悟转《法华》，诵经久不明，与义作仇家。

无念念即正，有念念成邪，有无俱不计，长御白牛车③。"

达闻偈，不觉悲泣，言下大悟，而告师曰："法达从昔已来，实未曾转《法华》，乃被《法华》转。"再启曰："经云：'诸大声闻乃至菩萨，皆尽思共度量，不能测佛智。'今令凡夫但悟自心，便名佛之知见。自非上根，未免疑谤。又经说三车，羊、鹿、牛车，与白牛之车，如何区别？愿和尚再垂开示。"

"师曰：经意分明，汝自迷背。诸三乘人④不能测佛智者，患在度量也。饶伊⑤尽思共推，转加悬远。佛本为凡夫说，不为佛说。此理若不肯信者，从他退席，殊不知坐却白牛车，更于门外觅三车。况经文明向汝道：'惟一佛乘，无有余乘，若二若三，乃至无数方便，种种因缘譬喻言词，是法皆为一佛乘故。'

"汝何不省，三车是假，为昔时故；一乘是实，为今时故。只教汝去假归实，归实之后，实亦无名。应知所有珍财，尽属于汝，由汝受用，更不作父想⑥，亦不作子想⑦，亦无用想⑧，是名持《法华经》。从劫至劫，手不释卷；从昼至夜，无不念时也。"

达蒙启发，踊跃欢喜，以偈赞曰：

"经诵三千部，曹溪一句亡。未明出世旨，宁歇累生狂？羊鹿牛权设，初中后善扬⑨。谁知火宅⑩内，元是法中王⑪。"

师曰："汝今后，方可名念经僧也。"

达从此领玄旨，亦不辍诵经。

【注释】①转经：指真正领悟了佛经。②心迷《法华》转：只是嘴上念诵《法华经》，心中仍痴迷，等于没有领悟佛经。③白牛车：佛教认为修行等级有差异，声闻乘羊车，缘觉乘鹿车，菩萨乘白牛车。④三乘人：指声闻、缘觉、菩萨。⑤饶伊：听任他去。⑥更不作父想：所有的财宝（佛性）都是你自己的、本有的，不要认为是大富长者（佛）的。"父"指《法华经》中讲的"大宝长者"，用以比喻诸佛如来。⑦亦不作子想：也不要认为财富（佛性）是他人的。⑧亦无用想：也不要有意识地向自身追求佛性。⑨初中后善扬：初善，声闻教法；中善，缘觉教法；后善，菩萨教法；这些善法，最后统一于"一佛乘"。⑩火宅：比喻众生生死轮回的三界。⑪法中王：指经过长期修行而超脱生死轮回的修行人。

【译文】法达说："如果是这样的话，只要能理解经义就好，那就可以不必诵经了么？"

惠能大师说:"佛经本身有什么过失?难道妨碍你诵念吗?只须知执迷和觉悟在于个人,受损或得益都由于自己。口诵经文而心能行其义,就是能够转化经义为我所用;口诵经文而心不行其义,就是被经文所转了。你听我说偈:

心迷《法华》转,心悟转《法华》,诵经久不明,与义作仇家。

无念念即正,有念念成邪,有无俱不计,长御白牛车。"

法达听完偈,不禁感激涕零,于言下即时大悟,对六祖说:"法达从过去以来,确实未曾转《法华》,而是被《法华》所转。"接着又问惠能大师说:"经上说:'一切大声闻乃至菩萨,都曾尽力思考共同测度佛的智慧,但都无法测知佛的智慧。'现在只令凡夫但能觉悟自己的心性,就说是佛的知见,如果不是上等根性的人,不免要生起疑惑诽谤。又经中说三车:羊车、鹿车、牛车,与大白牛车,究竟要怎样来区别呢?愿和尚再次慈悲开示。"

惠能大师说:"经意本来就说得很清楚,是你自己执迷而与之相违背罢了!一切三乘行人之所以不能测知佛智,问题就出在他们要去度量,任凭他们费尽心思共同推测,反而离佛的智慧越来越远。佛法本来是为不觉的凡夫而说的,并不是为佛而说的,如果不肯相信这个道理,那就听任他退席。只是他竟不知道自己原就坐在白牛车上,却还要向门外去别觅羊、鹿、牛三车。更何况经文说得明白:'只有一佛乘,并没有其他乘。或说二乘、三乘,乃至无数方便法门,以及种种因缘譬喻等言词,所有这些法全都是为那一佛乘而说的。'

"你怎么不省悟呢?羊、鹿、牛三车是佛所设的三乘方便法,是为昔时众生迷失实相而施设的权教;大白牛车是佛真实说的一乘实相法，是为现今众生修持成熟而开显的实教。这只不过是教你去除三乘方便的假名而归入一乘实相的实教，一旦归入实教之后，就没有所谓的这个实教名了。要知道所有珍宝财物全部都属于你所拥有，任由你自己去受用，不要想这个财产是父亲的，也不要想这个财产是儿子的，更没有所谓的受用财宝想，这才叫作真正的在持诵《法华经》。能够如此，就好像从前劫到后劫，手中并没有放下经卷；从白天到黑夜，无时不在诵持《法华经》了。"

法达得到启发，欢喜踊跃，写了一首偈加以赞颂：

"《妙法莲华经》已念诵了三千遍，在曹溪六祖一句教下全数消亡。

不明了诸佛出世的因缘宗旨，怎么能息灭累劫以来的妄心？

羊、鹿、牛三车是权巧施设，初中后三善是依次发扬。

谁能知道火宅内的众生，原来一悟之后是法中王。"

惠能大师说："从今以后，你才可以被称为真正诵经的僧人。"法达从此领悟到深奥玄妙的道理，也没有停止他的课诵。

僧智通，寿州安丰人。初看《楞伽经》约千余遍，而不会三身四智，礼师求解其义。

师曰："三身者，清净法身，汝之性也；圆满报身，汝之智也；千百亿化身，汝之行也。若离本性别说三身，即名有身无智。若悟三身无有自性，即名四智菩提。听吾偈曰：

自性具三身，发明成四智。

不离见闻缘，超然登佛地。

吾今为汝说，谛信永无迷。

莫学驰求者，终日说菩提。"

通再启曰："四智之义，可得闻乎？"

师曰："既会三身，便明四智。何更问耶？若离三身，别谈四智，此名有智无身。即此有智，还成无智。复说偈曰：

大圆镜智性清净，平等性智心无病。

妙观察智见非功，成所作智同圆镜。

五八六七果因转，但用名言无实性。

若于转处不留情，繁兴永处那伽定^①。"

通顿悟性智，遂呈偈曰：

"三身元我体，四智本心明。

身智融无碍，应物任随形。

起修皆妄动，守住匪真精。

妙旨因师晓，终亡染污名。"

【注释】①繁兴永处那伽定：虽处纷乱世界，但心如龙潜深渊，永远宁静，能现大变而不失定力。繁兴，纷乱的世俗界。那伽，意为"龙"，有"定"的意思。

【译文】僧人智通，寿州安丰人。他刚开始看《楞伽经》，大约读了一千多遍，却没有理解"三身"和"四智"，因此拜见惠能大师，请求讲解经文妙谛。

大师说："所谓'三身'，第一是清净的法身，是你的本性；第二是圆满的报身，是你的智慧；第三是千百亿化身，是你的行为。如果离开你的本性而来谈'三身'，就叫有身无智；如果领悟'三身'并没有自性，就叫四智菩提。听我念一首偈语：

自性具三身，发明成四智。

不离见闻缘，超然登佛地。

吾今为汝说，谛信永无迷。

莫学驰求者，终日说菩提。"

智通又问道："‘四智’的妙义，我可以听听吗？"

大师说："既然已经领悟了‘三身’，自然就懂‘四智’了，还问什么呢？如果离开‘三身’，另外再谈‘四智’，这就叫有智无身，这种所谓有智，其实还是无智。"

大师接着又念诵了一首偈语：

"大圆镜智性清净，平等性智心无病。

妙观察智见非功，成所作智同圆镜。

五八六七果因转，但用名言无实性。

若于转处不留情，繁兴永处那伽定。"

智通立刻领悟了本性的智慧，也念了一首偈语呈献给大师：

"三身元我体，四智本心明。

身智融无碍，应物任随形。

起修皆妄动，守住匪真精。

妙旨因师晓，终亡染污名。"

僧智常，信州贵溪①人。髫年②出家，志求见性。一日参礼。

师问曰："汝从何来，欲求何事？"

曰："学人近往洪州白峰山，礼大通和尚^③，蒙示见性成佛之义，未决狐疑。远来投礼，伏望和尚慈悲指示。"

师曰："彼有何言句，汝试举看。"

曰："智常到彼，凡经三月，未蒙示诲。为法切故，一夕独入丈室，请问：'如何是某甲本心本性。'大通乃曰：'汝见虚空否？'对曰：'见。'彼曰：'汝见虚空有相貌否？'对曰：'虚空无形，有何相貌？'彼曰：'汝之本性，犹如虚空，了无一物可见，是名正见。无一物可知，是名真知。无有青黄长短，但见本源清净，觉体圆明，即名见性成佛，亦名如来知见。'学人虽闻此说，犹未决了，乞和尚开示。"

师曰："彼师所说，犹存见知，故令汝未了。吾今示汝一偈：

不见一法存无见，大似浮云遮日面。

不知一法守空知，还如太虚生闪电。

此之知见瞥然兴，错认何曾解方便。

汝当一念自知非，自己灵光常显现。"

常闻偈已，心意豁然，乃述偈曰：

"无端起知见，著相求菩提。

情存一念悟，宁越昔时迷^④。

自性觉源体，随照枉迁流。

不入祖师室，茫然趣两头^⑤。"

智常一日问师曰："佛说三乘法，又言最上乘，弟子未解，愿为教授。"

师曰："汝观自本心，莫著外法相。法无四乘，人心自有等差。见闻转诵是小乘；悟法解义是中乘；依法修行是大乘；万法尽通，万法具备，一切不染，离诸法相，一无所得，名最上乘。乘是行义，不在口争，汝须自修，莫问吾也。一切时中，自性自如。"

常礼谢执侍，终师之世。

【注释】①信州贵溪：信州，今江西上饶县；贵溪，今江西贵溪县西。②髫年：童年。髫，古代指孩子下垂的头发。③大通和尚：神秀逝世后谥号"大通"，在其生前不应有此称号。④情存一念悟，宁越昔时迷：意思是存在着自以为证悟的一个念头，又怎样能消除过去的迷惑呢？⑤趣两头：通"趋"。两头：指"无见"和"空知"。

【译文】僧人智常是信州贵溪人，童年时出家，志在求得明心见性。有一天，来参礼六祖。

惠能大师问他："你从哪里来？想要求什么事？"

智常回答说："弟子最近到洪州白峰山参礼大通和尚，承蒙他开示见性成佛的奥义，只是心中还有一些疑惑不能解决，因此从遥远的地方前来参礼，祈求和尚慈悲为我开示。"

惠能大师说："大通和尚说了什么话？你先说一些给我听听。"

智常说："我到了那里，大约住了三个月，都不曾得到他的开示教诲。因为求法心切的缘故，有一天晚上，我单独进入方丈室，向大通和尚请教：'什么是人的本心本性？'他说：'你见过虚空没有？'

我回答说：'见过。'他又问：'你看到的虚空有相貌吗？'我回答说：
'虚空没有形体，哪有什么相貌可言呢？'他说：'你的本性，就如同
虚空，了无一物可见，就叫做正见，没有一物可知，就叫做真知。没有
青黄长短等色法的区别，只要能见本源清净，觉体圆明，就叫做见性
成佛，也叫做如来知见。'弟子虽然听了这个说法，还是不能解决内
心的疑惑，所以恳求和尚开示。"

惠能大师说："那位师父所说，还存有知见，所以不能使你全
然明白。我现在告诉你一偈：

> 不见一法存无见，大似浮云遮日面。
>
> 不知一法守空知，还如太虚生闪电。
>
> 此之知见瞥然兴，错认何曾解方便。
>
> 汝当一念自知非，自己灵光常显现。"

智常听完偈，心意豁然开朗，于是也说了一首偈：

> "无端起知见，著相求菩提。
>
> 情存一念悟，宁越昔时迷？
>
> 自性觉源体，随照枉迁流。
>
> 不入祖师室，茫然趣两头。"

一天，智常问惠能大师说："佛陀说三乘教法，又说有最上乘，
弟子不了解，愿求和尚教导。"

惠能大师说："你应观照自己的本心，不要执著心性外的法相。
佛法并没有四乘之分，而是人心各有不同。从目见耳闻下转诵经典
的人是小乘行者；悟解佛法义理的人是中乘行者；依法修行的人是
大乘行者；万法完全通达，万法具足完备，一切不染不著，超离一切

法相，无一法可得，这就叫作最上乘的行者。乘是行的意思，不是在口头上争论就能得到。你应该自己依法修行，不必问我。无论在什么时候，你自己的佛性都要如如不动。"

智常施礼致谢，从此侍奉六祖大师，一直到六祖大师去世。

僧志道，广州南海①人也。请益曰："学人自出家，览《涅槃经》十载有余，未明大意，愿和尚垂诲。"

师曰："汝何处未明？"

曰："诸行无常，是生灭法。生灭灭已，寂灭为乐。于此疑惑。"

师曰："汝作么生疑？"

曰："一切众生皆有二身，谓色身、法身也。色身无常，有生有灭；法身有常，无知无觉。经云'生灭灭已，寂灭为乐'者，不审何身寂灭，何身受乐？若色身者，色身灭时，四大分散，全然是苦，苦不可言乐。若法身寂灭，即同草木瓦石，谁当受乐？又法性是生灭之体，五蕴是生灭之用。一体五用，生灭是常。生则从体起用，灭则摄用归体。若听更生，即有情之类，不断不灭；若不听更生，则永归寂灭，同于无情之物。如是，则一切诸法被涅槃之所禁伏，尚不得生，何乐之有？"

师曰："汝是释子，何习外道断常邪见，而议最上乘法？据汝所说，即色身外别有法身，离生灭求于寂灭；又推涅槃常乐，言有身受用，斯乃执吝生死，耽著世乐。汝今当知，佛为一切迷人，认五蕴和合为自体相，分别一切法为外尘相，好生恶死，念念迁流，不知梦幻虚假，枉受轮回，以常乐涅槃翻为苦相，终日驰求。佛愍此故，乃示涅槃真乐。刹那无有生相，刹那无有灭相；更无生灭可灭，是则寂灭现前。当现前时，亦无现前之量，乃谓常乐。此乐无有受者，亦无不受者，岂有一体五用之名？何况更言涅槃禁伏诸法，令永不生，斯乃谤佛毁法。听吾偈曰：

无上大涅槃，圆明常寂照。凡愚谓之死，外道执为断。
诸求二乘人，目以为无作。尽属情所计，六十二见②本。
妄立虚假名，何为真实义？惟有过量人，通达无取舍。
以知五蕴法，及以蕴中我。外现众色像，一一音声相。
平等如梦幻，不起凡圣见。不作涅槃解，二边三际断。
常应诸根用，而不起用想。分别一切法，不起分别想。
劫火烧海底，风鼓山相击。真常寂灭乐，涅槃相如是。
吾今强言说，令汝舍邪见。汝勿随言解，许汝知少分。”

志道闻偈大悟，踊跃作礼而退。

【注释】①广州南海：今广东佛山。②六十二见：佛教所说的外道的六十二种错误观点，这里泛指一切错误观点。

【译文】僧人志道是广州南海人。有一天，他请教惠能大师说："弟子自从出家以来，阅读《涅槃经》已经有十多年了，还不明白经文大意，请和尚慈悲教诲！"

惠能大师说："你什么地方不明白？"

志道说："经中有一偈说：'诸行无常，是生灭法。生灭灭已，寂灭为乐。'我对这首偈语有所疑惑。"

惠能大师问:"你有什么疑惑呢?"

志道说:"一切众生都有二身,就是所说的色身和法身。色身变化无常,有生也有死;而法身是永远长存,没有知觉。经上说'生灭灭已,寂灭为乐',不知道是哪个身入于寂灭,哪个身受此真乐?如果说是色身,当色身坏灭的时候,由地、水、火、风四大元素组成的色身分散,完全是苦,既然是苦,就不可说是乐了;如果说法身入于寂灭,那么法身如同草木瓦石一样的没有知觉,由什么来享受真乐呢?另外,法性是生灭的本体,五蕴是生灭的妙用,一体五用,生灭应当是恒常的。生就是从本体中产生妙用,灭就是摄用归体。如果听任他们再生,那就是有情的众生不断绝也不灭亡;如果不听其再生,那就是永远地归于寂灭,而与无情的东西没有什么不同了。假如是这样,那一切万法都被涅槃所限制,生都不可能,还有什么快乐可言呢?"

惠能大师说:"你是佛门弟子,为什么要学外道断灭和永恒的偏见而妄自议论最上乘法呢?据你所说,就是色身之外另有一个法身,超离生灭,求得寂灭。又推论说涅槃常乐,要有某个身来受用,这是在执著生死,沉迷世间的快乐。你应当知道,佛陀就因为一切执迷的众生妄认五蕴假和的色身为自我,区分一切法为外在现象,贪生厌死,妄念迁流,不知人生如梦似幻,虚假不实,枉受生死轮回,反而将常乐的涅槃看成是苦,整天忙碌地奔驰营求俗务。佛怜悯这些执迷的人,才指示涅槃真乐。没有刹那生起的相可见,也没有刹那坏灭的相可寻,更没有生灭这个相状可灭,这才是涅槃寂灭分明现前的境界。而当它出现时，又没有什么以前思量的显现，这就是所说的常乐。这种快乐没有承受的人，也没有什么不承受的人，哪里会有一体五用的名称呢？更何况你还说涅槃禁伏一切，让它们永远不再生呢？这是在诽谤诋毁佛法了。请你听我的偈：

> 无上大涅槃，圆明常寂照。凡愚谓之死，外道执为断。
> 诸求二乘人，目以为无作。尽属情所计，六十二见本。
> 妄立虚假名，何为真实义。惟有过量人，通达无取舍。
> 以知五蕴法，及以蕴中我。外现众色象，一一音声相。
> 平等如梦幻，不起凡圣见。不作涅槃解，二边三际断。
> 常应诸根用，而不起用想。分别一切法，不起分别想。
> 劫火烧海底，风鼓山相应。真常寂灭乐，涅槃相如是。
> 吾今强言说，令汝舍邪见。汝勿随言解，许汝知少分。"

志道听完偈后，终于觉悟，高兴得手舞足蹈，向大师行礼后退出。

行思禅师，生吉州安城①刘氏。闻曹溪法席盛化，迳来参礼。

遂问曰："当何所务，即不落阶级？"

师曰："汝曾作什么来？"

曰："圣谛亦不为。"

师曰："落何阶级？"

曰："圣谛②尚不为，何阶级之有？"

师深器之，令思首众。一日，师谓曰："汝当分化一方，无令断绝。"

思既得法，遂回吉州青原山，弘法绍化，谥号弘济禅师。

怀让禅师，金州③杜氏子也。初谒嵩山安国师，安发之曹溪参叩。让至礼拜。

师曰："甚处来？"

曰："嵩山。"

师曰："什么物？恁么来？"

曰："说似一物即不中。"

师曰："还可修证否？"

曰："修证即不无，污染即不得。"

师曰："只此不污染，诸佛之所护念，汝即如是，吾亦如是。西天般若多罗谶④：汝足下出一马驹⑤，踏杀天下人。应在汝心，不须速说。"

让豁然契会，遂执侍左右一十五载，日臻玄奥。后往南岳，大阐禅宗，敕谥大慧禅师。

【注释】①吉州安城：今江西吉安。②圣谛：佛教基本的四个教义：苦、集、灭、道。③金州：今陕西安康。④谶：预言。⑤马驹：指马祖道一将成为怀让的高足弟子。

【译文】行思禅师，生于江西吉安城刘氏家中。他听说曹溪惠能大师法席隆盛，化导无数，便前来参礼惠能大师。

行思问惠能大师说："应当怎样修行，就不会落入渐悟的套路？"

惠能大师说："你曾经怎样修行？"

行思说:"我连对四圣谛都不修。"

惠能大师说:"你落到什么套路?"

行思说:"我连四圣谛都不修,还会有什么套路呢?"

大师对行思十分器重,让他做首席门徒。一天,惠能大师对他说:"你应当独当一面去教化一方,不要让正法断绝失传。"

行思领受了教法,于是返回吉州青原山,弘扬佛法,广为教化,圆寂后被谥为弘济禅师。

怀让禅师出生在金州一户杜姓人家。最初去嵩山拜谒惠安国师,惠安国师打发他到曹溪参拜惠能大师。怀让到了曹溪,向惠能大师礼拜。

惠能大师问他:"你从哪里来?"

怀让说:"从嵩山来。"

惠能大师说:"寻求什么东西,怎么来的?"

怀让说:"如果说一件东西就不妙了。"

惠能大师说:"可以修证吗?"

怀让说:"修行证悟就不会没有,受到污染就不会有了。"

惠能大师说:"具有不受污染这一点,就是各位佛所维护的,你是这样,我也是这样。西天的般若多罗法师有预言说,你门下会出一匹龙马驹,他的智慧可以驰骋天下无敌手。这个预言你要谨记于心,不必急着说出来。"

怀让豁然开悟,便留在惠能大师身边侍奉十五年,修养和智慧与日俱增,后来前往南岳开设道场,把禅宗发扬光大,圆寂后被朝廷赐谥为大慧禅师。

永嘉玄觉禅师，温州戴氏子。少习经论，精天台①止观法门，因看《维摩经》，发明心地。

偶，师弟子玄策相访，与其剧谈，出言暗合诸祖。

策云："仁者得法师谁？"

曰："我听方等经论，各有师承。后于《维摩经》，悟佛心宗，未有证明者。"

策云："威音王②已前即得，威音王已后，无师自悟，尽是天然外道。"

曰："愿仁者为我证据。"

策云："我言轻，曹溪有六祖大师，四方云集，并是受法者。若去，则与偕行。"

觉遂同策来参。绕师三匝，振锡而立。

师曰："夫沙门者，具三千威仪，八万细行。大德自何方而来，生大我慢？"

觉曰："生死事大，无常迅速。"

师曰："何不体取无生，了无速乎？"

曰："体既无生，了本无速。"

师曰："如是，如是。"

玄觉方具威仪礼拜，须臾告辞。

师曰："返太速乎？"

曰："本自非动，岂有速耶？"

师曰："谁知非动？"

曰:"仁者自生分别。"

师曰:"汝甚得无生之意。"

曰:"无生岂有意耶?"

师曰:"无意谁当分别?"

曰:"分别亦非意。"

师曰:"善哉,少留一宿。"

时谓一宿觉。后著《证道歌》,盛行于世。

【注释】①天台:天台宗,以《法华经》为经典。②威音王:佛名。表示非常遥远的年代,据说威音王时代,人的精神纯正无邪。

【译文】永嘉玄觉禅师,温州戴氏的儿子。自幼研习佛经理论,精通天台止观法门,因读《维摩诘经》,得以知佛见性。

惠能大师的弟子玄策禅师偶然相访,和他畅谈,玄觉所说都能契合佛祖的意旨。

玄策就问:"你拜谁为师而得佛法?"

玄觉说:"我听大乘经论,每部都各有师承,后来读《维摩诘经》,悟得佛以心印心的宗旨,只是还没有得到过来人印证我的见解。"

玄策说:"在威音王佛未出世以前,还可以说有无师自悟的人;在威音王佛出世以后,无师自悟的人,全是自然外道。"

玄觉说:"希望你能为我印证。"

玄策说:"我人微言轻,曹溪有位惠能大师,各方都前往参学,而且都是领受正法的人。如果你要去,我们可一同前往。"

玄觉于是跟随玄策来到曹溪参谒惠能大师。在惠能大师身边绕转了三圈，振了一下锡杖，而后站立不动。

惠能大师说："出家人应具有三千威仪和八万细行等种种戒律仪轨，你从哪里来，为何如此傲慢无礼？"

玄觉说："生死的问题是人生的大事，变化太快，来不及多拜师尊。"

惠能大师说："为什么不去体会无生之果，去明了无速之道呢？"

玄觉说："体悟的就是无生无死，明了的就是无常迅速。"

惠能大师说："是这样，是这样。"

玄觉这才整肃仪容，顶礼拜谢，随即告辞。

惠能大师说："你就这样回去，是不是太快了？"

玄觉说："自性原本就没有什么动与不动，哪里有快和不快可言。"

惠能大师说："什么人知道本来不动？"

玄觉说："是仁者自心生起的分别。"

惠能大师说："你已经深悟无生的道理。"

玄觉说："无生哪里还有什么意义在呢？"

惠能大师说："如果没有意义，谁来分别呢？"

玄觉说："分别本身也是没有意义。"

惠能大师说："很好，再小住一晚吧。"

当时人们称玄觉为一宿觉。后来玄觉禅师撰写了《永嘉证道歌》，流传于世。

禅者智隍，初参五祖，自谓已得正受①。庵②居长坐，积二十年。师弟子玄策游方至河朔③，闻隍之名，造庵问云："汝在此作什么？"

隍曰："入定。"

策云："汝云入定，为有心入耶？无心入耶？若无心入者，一切无情草木瓦石，应合得定；若有心入者，一切有情含识之流，亦应得定。"

隍曰："我正入定时，不见有有无之心。"

策曰："不见有有无之心，即是常定，何有出入？若有出入，即非大定。"

隍无对。良久，问曰："师嗣谁耶？"

策云："我师曹溪六祖。"

隍云："六祖以何为禅定？"

策云："我师所说，妙湛圆寂，体用如如。五阴本空，六尘非有。不出不入，不定不乱。禅性无住，离'住禅寂'，禅性无生，离'生禅想'，心如虚空，亦无虚空之量。"

隍闻是说，迳来谒师。

师问云："仁者何来？"

隍具述前缘。

师云："诚如所言，汝但心如虚空，不著空见，应用无碍，动静无心，凡圣情忘，能所俱泯，性相如如④，无不定时也。"

隍于是大悟，二十年所得心，都无影响。其夜河北士庶闻空中有声云："隍禅师今日得道。"

隍后礼辞，复归河北，开化四众⑤。

【注释】①正受：定心而离邪乱为"正"，无念无想而纳法在心为"受"。②庵：此处指僧人修行的住所。③河朔：河北一带。④性相如如：人之本性与物之相状圆融无二，平等无二，称之如如。⑤四众：指比丘、比丘尼、优婆塞、优婆夷。

【译文】智隍禅师，当初参拜过五祖弘忍，自己认为已得到真正的禅定。他在庵庙里打坐修行，已经二十年了。惠能大师的弟子玄策，云游到了河朔一带，听到了智隍的名声，就到庵里去拜访他，问："你在这里做什么呢？"

智隍说："我在打坐入定。"

玄策说："你所说的入定，是有心念入定呢，还是无心念入定呢？如果是无心念入定，那么一切没有生命的草、木、瓦、石，都应该能入定了。如果是有心念入定的，那么一切有情有识的普通众生都应该能入定了。"

智隍说："我在入定时，看不见什么有心念还是无心念。"

玄策说："看不见有心念还是无心念，就是常定，那么还有什么出定和入定可说呢？如果有出入可说，那你就不是真正的定。"

智隍无言以对。过了很久，智隍问玄策："你是谁的弟子啊？"

玄策说："我的老师是曹溪六祖。"

智隍问："惠能大师以什么为禅定呢？"

玄策说："我的师父所讲的禅定，法身圆融玄妙湛然常寂，性相体用一如。五蕴本来为空，六尘原非实有。所以没有出定和入定的区别，也没有神定和神乱的区别。禅的本性是不执著，远离住于禅的寂静。禅的本性是不生不灭，并不执著要产生禅思冥想，而是心如虚空，但也没有对虚空作度量。"

智隍听完玄策的话后，就直接前来参见惠能大师。

惠能大师问他："你从哪里来？"

智隍讲述了与玄策相会的因缘。

惠能大师说："正像玄策说的，你只要心如虚空，又不着意于追求空的意识，应用自如，无论是动还是静都能无所用心，无论是凡俗人还是圣人的情感都忘掉，主观和客观的差异都消除，如此性相一如，你就无时无刻不在入定了。"

智隍于是大悟，超越了二十年的刻意修行，不再执著了。当天夜里，河北地区的士庶都听到空中有声音说："智隍禅师今日悟道了。"

后来智隍辞别惠能大师，返回河北，教化僧俗四众弟子。

一僧问师云："黄梅意旨，甚么人得？"

师云："会佛法人得。"

僧云："和尚还得否？"

师云："我不会佛法。"

师一日欲濯所授之衣，而无美泉，因至寺后五里许，见山林郁茂，瑞气盘旋。师振锡卓地，泉应手而出，积以为池，乃膝跪浣衣石上。忽有一僧来礼拜，云："方辩是西蜀人，昨于南天竺国, 见达摩大师, 嘱方辩: '速往唐土, 吾传大迦叶正法眼藏及僧伽梨①, 见传六代, 于韶州曹溪, 汝去瞻礼。'方辩远来, 愿见我师传来衣钵。"

师乃出示, 次问: "上人攻何事业?"

曰: "善塑。"

师正色曰: "汝试塑看。"

辩罔措。过数日, 塑就真相, 可高七寸, 曲尽其妙。

师笑曰: "汝只解塑性, 不解佛性。"

师舒手摩方辩顶, 曰: "永为人天福田。"师乃以衣酬之。

辩取衣分为三, 一披塑像, 一自留, 一用棕裹瘗②地中, 誓曰: "后得此衣, 乃吾出世, 住持于此, 重建殿宇。"宋嘉祐八年, 有僧惟先, 修殿掘地, 得衣如新。像在高泉寺, 祈祷辄应。

有僧举卧轮禅师偈云:

"卧轮有伎俩, 能断百思想。对境心不起, 菩提日日长。"

师闻之, 曰: "此偈未明心地, 若依而行之, 是加系缚。"

因示一偈曰:

惠能没伎俩, 不断百思想。

对境心数起。菩提作么长?

【注释】①僧伽梨: 三种僧衣之一。也称九条衣, 为进入王宫、村落时穿用, 用九条乃至十五条布缝制而成。另外两种为五条衣、七条衣。②瘗: 埋。

【译文】有一位僧人问惠能大师说："黄梅五祖的衣钵、心法，谁获得传授了？"

惠能大师说："能领悟佛法的人得了。"

僧人又问："师父你得到了吗？"

惠能大师说："我没有领悟佛法。"

有一天，六祖想要洗涤五祖所传的袈裟，却找不到好泉水，因此就到寺后五里远的地方，看到该处山林茂盛，有祥瑞之气笼罩盘旋，六祖于是举起锡杖在地上一戳，泉水立即应手涌出，积聚成为一个水池，六祖于是跪下，在石上洗衣。忽然有一僧前来顶礼膜拜，说："我叫方辩，是西蜀人。不久前在南天竺国遇见了达摩大师，嘱咐我说：'赶快到唐朝国土来，我传给大迦叶的正宗佛法和佛衣，现在已经传到第六代了，传人在韶州的曹溪，你可以去瞻仰礼拜。'方辩远道而来，希望见一下初祖大师传下来的衣钵。"

惠能大师于是将法衣给他看，然后问："上人擅长什么事业？"

方辩说："我擅长雕塑佛像。"

大师严肃地说："你试着塑一尊像给我看看。"

方辩一时不知所措。过了几天，方辩塑了一尊佛像，高七寸，惟妙惟肖。

惠能大师笑着说："你只懂得塑像的道理，并不了解佛性。"

惠能大师伸手抚摸方辩的头顶，说："希望你生生世世都成为人天种福之田。"接着大师把袈裟送给了方辩作为酬谢。方辩拿了法衣，分成三份。一截披到塑成的像上，一截自己保留，还有一截用棕叶包好埋在地里。发誓说："后世谁能得到这一块法衣，那就是我投胎再生，那时我将在这里重新修建佛殿，并做住持。"

宋嘉祐八年，有僧惟先，修殿掘地，得衣如新。像在高泉寺，祈祷就有感应。

有一个僧人举出卧轮禅师的一首偈语说：

"卧轮有伎俩，能断百思想。

对境心不起，菩提日日长。"

惠能大师听后说："这首偈语还没有见到自己的佛性，如果照它来修行，那是给自己的佛性加上了束缚。"

于是开示了一首偈：

惠能没伎俩，不断百思想。

对境心数起，菩提作么长？

顿渐品第八

【题解】对于禅宗的"顿""渐"历来人们争论不休。针对当时禅宗中南北、顿渐等问题，六祖说得非常清楚："法本一宗，人有南北；法即一种，见有迟疾。何名顿渐？法无顿渐，人有利钝，故名顿渐。"

顿渐也不过是对机假名罢了。开悟从本质上说，就是找到了通向解脱的道路，这是因人而异的。但"悟"既有深浅，悟了之后仍有继续修行的问题。《楞严经》说："理则顿悟，乘悟并销；事非顿除，因次第尽。"这好比作家的灵感：平时学习写作体验是"渐"，灵感的出现为"顿"，一刹那的文思泉涌好比顿见本性。但如果不愿付出长期的艰苦劳动，却幻想坐等灵感，那只是一种妄想。连惠能大师都经历了先顿悟后渐修的漫长过程，更何况我辈初学者？所以修行之人应树立这样一种正见：悟虽能一刹那见道，但开悟并非一了百了，悟了还须渐进，不断提高悟境的层次。从修行的实践看，开悟见道可以有三个层次：一是通过修行见到自性之后，有一种境界上的受用。二是开悟之前我们没有找到正确的道路，一旦悟了就找到了正道。三是指方法，严格地说，开悟之后才是真正修行的开始，以后还有一个漫长的修持过程。历代禅师有几个不是经历了一番艰难困苦的磨炼才成就正果的？云门禅师用功十七年，才做到"心猿罢跳，意马休驰"，赵州和尚磨炼三十年，方才"打成一片，不杂用心"。黄檗禅师说的好："不经一番寒彻骨，怎得梅花扑鼻香？"这正是我们修行之人应有的精神。

时，祖师居曹溪宝林，神秀大师在荆南①玉泉寺。于时两宗盛化，人皆称南能北秀，故有南、北二宗顿、渐之分，而学者莫知宗趣。师谓众曰："法本一宗，人有南北；法即一种，见有迟疾。何名顿渐？法无顿渐，人有利钝，故名顿渐。"

然秀之徒众，往往讥南宗祖师："不识一字，有何所长？"

秀曰："他得无师之智，深悟上乘，吾不如也。且吾师五祖，亲传衣法，岂徒然哉？吾恨不能远去亲近，虚受国恩，汝等诸人，毋滞于此，可往曹溪参决②。"

一日，命门人志诚③曰："汝聪明多智，可为吾到曹溪听法。若有所闻，尽心记取，还为吾说。"

志诚禀命至曹溪，随众参请，不言来处。

时，祖师告众曰："今有盗法之人，潜在此会。"

志诚即出礼拜，具陈其事。

师曰："汝从玉泉来，应是细作④。"

对曰："不是。"

师曰："何得不是？"

对曰："未说即是，说了不是。"

师曰："汝师若为示众⑤？"

对曰："常指诲大众，住心观净，长坐不卧。"

师曰："住心观净，是病非禅；长坐拘身，于理何益？听吾偈曰：

生来坐不卧，死去卧不坐，

一具臭骨头，何为立功课？"

【注释】①荆南：今湖北当阳。②参决：参学、解决疑惑。③志诚：惠能弟子，吉州太和人，少时在当阳玉泉寺师从神秀。④细作：间谍、密探。⑤示众：教诲训导众人。

【译文】当时，惠能大师住在曹溪宝林寺，神秀大师住在荆南玉泉寺。当时两大宗派都很兴盛，人们称"南能北秀"，于是有南北二宗顿悟与渐修的差别，但一般修行的人并不了解两派各自的意趣。惠能大师对僧众说："佛法本来都是同一个宗旨，只是人有南北的分别；佛法本来也只有一种，只因众生的根机不同而有见性迟、速的不同。什么叫作顿或渐呢？佛法并没有所谓顿、渐，而是因为人的根机有利钝之别，所以才有所谓的顿悟、渐悟。"

然而，神秀的门徒经常嘲讽南宗祖师惠能："一个字都不认识，能有什么过人之处呢？"

神秀大师听到这话后说："惠能得到了无师自悟的智慧，已经深悟最上乘的佛法,我不如他。况且师父亲自传给他衣钵佛法,这难道是凭空传授的?我只恨自己不能远道前去亲近他,在这里枉受国家对我的恩宠,你们不要滞留在这里,可以到曹溪去参访,请他为你们解惑。"

一天,神秀命令弟子志诚说:"你天资聪颖而富有才智,可以替我到曹溪去听法;如果有所听闻,要好好记取,回来告诉我。"

志诚奉命来到曹溪,跟随大众一起向六祖参礼请益,没有说明自己的来历。

那时候,惠能大师对众人说:"今天有想暗中盗法的人潜伏在这个法会之中。"

志诚听后,立即出来施礼参拜,详细说明自己前来求法的因由。

惠能大师说:"你从玉泉寺来,应该是奸细。"

志诚说:"不是。"

惠能大师问:"为什么说不是呢?"

志诚说:"没有说明来意前可以说是,既然说明了就不是了。"

惠能大师问:"你师父是怎样开示大众的?"

志诚答:"家师经常教导大众要住心一处,使成无念状态,要长习静坐而不倒卧。"

惠能大师说:"住心观净,是一种病而不是禅;久坐不动,伤及身体,对领悟佛理又有什么益处呢?听我的偈:

　　　　在世时常坐而不卧,死去后却常卧不坐。

　　　　这只是一具臭骨头,如何能做什么功课?

志诚再拜曰:"弟子在秀大师处,学道九年,不得契悟。今闻和尚一说,便契本心。弟子生死事大,和尚大慈,更为教示。"

师曰:"吾闻汝师教示学人戒、定、慧法,未审汝师说戒、定、慧行相如何?与吾说看。"

诚曰:"秀大师说:'诸恶莫作名为戒,诸善奉行名为慧,自净其意名为定。'彼说如此,未审和尚以何法诲人?"

师曰:"吾若言有法与人,即为诳汝,但且随方解缚,假名三昧。如汝师所说戒、定、慧,实不可思议也。吾所见戒、定、慧又别。"

志诚曰:戒、定、慧只合一种,如何更别?"

师曰:"汝师戒、定、慧接大乘人,吾戒、定、慧接最上乘人。悟解不同,见有迟疾。汝听吾说,与彼同否?吾所说法,不离自性。离体说法,名为相说,自性常迷。须知一切万法皆从自性起用,是真戒、定、慧法。听吾偈曰:

心地无非自性戒,心地无痴自性慧,心地无乱自性定,不增不减自金刚,身去身来本三昧。"

诚闻偈,悔谢,乃呈一偈曰:

五蕴幻身,幻何究竟?

回趣真如,法还不净。

师然之。复语诚曰:"汝师戒、定、慧,劝小根智人;吾戒、定、慧,劝大根智人。若悟自性,亦不立菩提涅槃。亦不立解脱知见。无一法可得，方能建立万法。若解此意，亦名佛身，亦名菩提涅槃，亦名解脱知见。见性之人，立亦得，不立亦得，去来自由，无滞无碍，应用随作，应语随答，普见化身，不离自性，即得自在神通，游戏三昧，是名见性。"

志诚再启师曰："如何是不立义？"

师曰："自性无非、无痴、无乱，念念般若观照。常离法相，自由自在。纵横尽得，有何可立？自性自悟，顿悟顿修，亦无渐次。所以不立一切法。诸法寂灭，有何次第？"

志诚礼拜，愿为执侍，朝夕不懈。

【译文】志诚听后，再次向六祖顶礼，说："弟子在神秀大师那里学道九年，不能契悟佛法，今天听和尚这一席话，已经契合本心，有所了悟。弟子觉得生死事大，无常迅速，希望和尚慈悲，再给我教诲指示。"

六祖说："我听说你的老师是用戒、定、慧来教示学人，不知你的老师所说的戒、定、慧是什么内容？你说给我听听看。"

志诚说："神秀大师说：'一切恶事不去做叫作戒，奉行一切善事叫作慧，清净自己的心意叫作定。'他是这样说的，不知和尚是用什么法来教诲学人呢？"

六祖说："如果我说我有佛法给人，那就是欺骗你；只是为了随顺方便替大家解除执缚，而假托个名称叫做三昧。至于你的老师所说的戒、定、慧，实在是不可思议，我对戒、定、慧的见解又有所不同。"

志诚说："戒定慧应该只有一种，为什么会有不同呢？"

六祖说："你的老师所说的戒、定、慧是接引大乘根机的人，我的戒、定、慧是接引最上乘根机的人。理解领悟能力不同，见性就有迟、速的差异。你听我所说和他所说的有相同吗？我所说的法，不离自性，如果离开自性本体而说法，就叫作着相说法，自性就常被迷惑。要知道，一切万法都是从自性而起用，这才是真正的戒、定、慧法。听我说偈：

'心地没有是非就是自性戒，心地没有痴念就是自性慧，心地没有散乱就是自性定，不增不减的自性坚如金刚，自身来去自如皆本于三昧。'"

志诚听完偈颂后，向六祖悔过谢恩，并呈上一首偈子：

五蕴假合成幻化身，既是幻化怎会究竟？

即使回向真如自性，倘犹着法还是不净。

六祖称许说好。

六祖又对志诚说："你的老师说的戒、定、慧是劝小根智人，我说的戒、定、慧是劝大根智人。如果能够悟得自性，就不必建立'菩提涅槃'，也不必建立'解脱知见'了。要到无有一法可得的境界，才能建立万法。如果能够领会这个道理，就叫做'佛身'，也叫做'菩提涅槃'、'解脱知见'。已经见性的人，要立这些佛法名称也可以，不立也可以，去来自由，无所滞碍，当用之时随缘作用，当说之时随缘应答，普现一切化身，而不离自性，这样就可以得到'自在神通'和'游戏三昧'，这就叫作见性。"

志诚再次请教六祖说："'不立'的意义为何呢？"

六祖说："自性没有一念过非，没有一念痴迷，没有一念散乱，如果念念都能用智慧来观照自心本性，常离一切法的形相执著，就能自由自在，纵横三际十方，都能悠然自得，还有什么需要建立的呢？自性要靠自己觉悟，顿时开悟，顿时修证，并没有一个渐进的次序，所以不必建立一切法。一切诸法本来常自寂灭，哪有什么次第呢？"

志诚听后，顶礼拜谢，愿意为惠能大师执事，从早到晚都不懈怠。

僧志彻，江西人。本姓张，名行昌，少任侠。自南北分化，二宗主虽亡①彼我，而徒侣竞起爱憎。时，北宗门人，自立秀师为第六祖，而忌祖师传衣为天下闻，乃嘱行昌来刺师。师心通，预知其事，即置金十两于座间。

时夜暮，行昌入祖室，将欲加害。师舒颈就之，行昌挥刃者三，悉无所损。

师曰："正剑不邪，邪剑不正，只负汝金，不负汝命。"

行昌惊仆，久而方苏。求哀悔过，即愿出家。师遂与金，言："汝且去，恐徒众翻害于汝。汝可他日易形而来，吾当摄受②。"

行昌禀旨宵遁。后投僧出家，具戒精进。

一日，忆师之言，远来礼觐。

师曰："吾久念汝，汝何来晚？"

曰："昨蒙和尚舍罪，今虽出家苦行，终难报德。其惟传法度生乎？弟子常览《涅槃经》，未晓常、无常义。乞和尚慈悲，略为解说。"

师曰："无常者，即佛性也；有常者，即一切善恶诸法分别心也。"

曰："和尚所说，大违经文。"

师曰："吾传佛心印，安敢违于佛经？"

曰："经说佛性是常，和尚却言无常。善恶诸法乃至菩提心，皆是无常，和尚却言是常。此即相违，令学人转加疑惑。"

师曰："《涅槃经》，吾昔听尼无尽藏诵读一遍，便为讲说，无一字一义不合经文。乃至为汝，终无二说。"

曰："学人识量浅昧，愿和尚委曲开示。"

师曰："汝知否？佛性若常，更说什么善恶诸法，乃至穷劫，无有一人发菩提心者？故吾说无常，正是佛说真常之道也。又一切诸法若无常者，即物物皆有自性。容受生死，而真常性有不遍之处。故吾说常者，是佛说真无常义。佛比为凡夫外道执于邪常，诸二乘人于常计无常，共成八倒③；故于涅槃了义教中，破彼偏见，而显说真常、真乐、真我、真净。汝今依言背义，以断灭无常，及确定死常，而错解佛之圆妙最后微言。纵览千遍，有何所益？"

行昌忽然大悟，说偈曰：

因守无常心，佛说有常性。

不知方便者，犹春池拾砾。

我今不施功，佛性而现前。

非师相授与，我亦无所得。

师曰："汝今彻也，宜名志彻。"

彻礼谢而退。

【注释】①亡：通"无"。②摄受：接纳，收为门徒。③八倒：指八种错误的见解。

【译文】僧人志彻，江西人，俗姓张，名叫行昌，少年时喜欢做行侠仗义之事。自从南宗和北宗分庭抗礼之后，两位宗主虽然没有彼此争锋的意思，两派的徒众却竞相生起爱憎之心。当时北宗门人自立神秀大师为禅宗第六祖，又忌讳惠能大师得到了五祖衣钵的事被天下人所知，就派行昌前来刺杀惠能大师。惠能大师心有感应，预知这件事，便放了十两黄金在座位上。

到了晚上，行昌潜入惠能大师的卧房，要杀害大师。大师伸出脖子让他砍，行昌连砍了三刀，大师毫发无损。

惠能大师说："正直的剑侠不会有邪恶的行为，邪恶的剑客就不正直。我只欠你金钱，不欠你性命。"

行昌惊吓得扑倒在地，过了很久才苏醒过来，向大师哀求悔过，愿意剃发出家。

惠能大师把黄金给了他，说："你先去吧，我担心我的弟子知道后加害于你。过些时候你可以乔装打扮再来，那时我收你为徒。"

行昌遵照嘱咐连夜逃遁，后来皈依佛门出家，受了具足戒，努力修行。

一天，行昌想起惠能大师的指示，便远道而来向大师顶礼参拜。

惠能大师说："我念着你很久了，你怎么来这么晚？"

行昌回答："上次承蒙师父慈悲饶恕了弟子的罪过，现在我虽然出家苦苦修行，总觉得难以报答您的大恩大德，只有追随您弘扬佛法普度众生才能报答您吧？弟子常看《涅槃经》，却没有领会常和无常的意义，请师父慈悲，大概给我解释一下。"

惠能大师说："所谓无常，就是佛性；所谓有常，就是辨别一切善恶事物的分别心。"

行昌说："师父所说，与经文完全不一样。"

惠能大师说："我传授的是佛法心印，怎么敢违背佛经呢？"

行昌说："经文上说佛性是常，师父却说是无常；一切善恶事物乃至菩提心，都是无常，师父却说是常。这就与经文完全不一样，这就更让我疑惑不解。"

惠能大师说："《涅槃经》，我以前听无尽藏朗读了一遍，就给他解说其中微言大义，没有一字一义是不符合经文的。现在对你讲，也没有两样。"

行昌说："我的见识浅薄，望师父费心开导。"

惠能大师说："你知道吗？佛性如果有常不变，还说什么善和恶的各种方便法门，以至于还说从来没有人发菩提心？所以我说佛性是无常，这才是佛所说的真正不变的常的真理。另一方面，一切物象如果是变化无常的，即万物都有自己的本性，用以承受生死，而真实存在的佛性也有不能遍及之处。所以我说的有常，就是佛所说真正无常的真谛。佛正因为凡夫俗子外道之人执著于错误的有常观念，那些二乘之人把常说成无常，一共形成八种错误颠倒的见解，所以在《涅槃经》中破除偏见，明确阐明真正的有常，真正的快乐，真正的本性，真正的清净。你现在拘泥于表面文字而违背了内在意义，以有断灭的现象为无常，而以确定僵死为常，错误地理解佛陀最后开示的妙谛，就是把经文读上千遍，又有什么用处呢？”

行昌听了以后恍然大悟，说偈：

> 因守无常心，佛说有常性。
>
> 不知方便者，犹春池拾砾。
>
> 我今不施功，佛性而现前。
>
> 非师相授与，我亦无所得。

惠能大师说：“你现在已经彻底悟佛道了，应当改名为志彻。”

志彻行礼拜谢后退出。

有一童子名神会①，襄阳高氏子。年十三，自玉泉来参礼。

师曰：“知识！远来艰辛，还将得本来否？若有本则合识主，试说看。”

会曰：“以无住为本，见即是主。”

师曰：“这沙弥争合取次②语。”

会乃问曰：“和尚坐禅，还见不见？”

师以拄杖打三下，云：“吾打汝是痛不痛？”

对曰：“亦痛亦不痛。”

师曰：“吾亦见亦不见。”

神会问：“如何是亦见亦不见？”

师云：“吾之所见，常见自心过愆，不见他人是非好恶，是以亦见亦不见。汝言亦痛亦不痛如何? 汝若不痛, 同其木石; 若痛则同凡夫, 即起恚恨。汝向前见不见是二边, 痛不痛是生灭。汝自性且不见, 敢尔弄人?"

神会礼拜悔谢。

师又曰: "汝若心迷不见, 问善知识觅路; 汝若心悟, 即自见性, 依法修行。汝自迷不见自心, 却来问吾见与不见。吾见自知, 岂代汝迷? 汝若自见, 亦不代吾迷。何不自知自见, 乃问吾见与不见?"

神会再礼百余拜, 求谢过愆; 服勤给侍, 不离左右。

一日, 师告众曰: "吾有一物, 无头无尾, 无名无字, 无背无面, 诸人还识否?"

神会出曰: "是诸佛之本源, 神会之佛性。"

师曰: "向汝道无名无字, 汝便唤作本源佛性。汝向去有把茅盖头③, 也只成个知解宗徒④。"

祖师灭后, 会入京洛, 大弘曹溪顿教, 著《显宗记》, 盛行于世, 是为菏泽禅师。

师见诸宗难问, 咸起恶心, 多集座下, 愍⑤而谓曰: "学道之人, 一切善念恶念, 应当尽除, 无名可名, 名于'自性', 无二之性, 是名'实性'。于实性上建立一切教门, 言下便须自见。"

诸人闻说, 总皆作礼, 请事为师。

【注释】①神会：俗姓高，湖北襄阳人。是禅宗六祖惠能晚期弟子，荷泽宗的创始者，建立南宗第一人。也是六祖著名的法脉传人。②取次：指轻率。③有把茅盖头：言有一把茅，作个草庵，盖在头上，以蔽风雨也。④知解宗徒：是指主要以学习和理解经典文字为修行的学问僧人，而不注重自身修行领悟、提升智慧的和尚。⑤愍：怜悯，哀怜。

【译文】有一个童子，名叫神会，是襄阳高氏的子弟。十三岁时，从荆南的玉泉寺来礼拜惠能大师。

大师说："善知识，你远道而来，非常辛苦，带来了'本'（自己的本性）没有？如果有'本'就能认识'主'（佛性）了，你先说说看。"

神会说："我以无所住（不执著）为'本'，能认识这一点就是'主'。"

大师说："这个小沙弥讲话怎么这样轻率呢？"

神会问道："师父坐禅时，是见到佛性，还是见不到呢？"

大师用拄杖打了神会三下，问："我打你，你觉得痛还是不痛？"

神会答说："也痛也不痛。"

大师说："我也见也不见。"

神会问惠能大师："怎样是也见也不见呢？"

惠能大师说："我所见的，是自己内心的过失，但不见别人的是非好坏，所以说也见也不见。你所说的也痛也不痛是什么意思呢？你如果不痛，就像木石一样没有感觉；你如果痛，就和凡夫俗子一样会产生怨恨之心。你前面问的见、不见是二边见，痛、不痛属于可以生灭的有为法。你连自己的本性都没有认识清楚，就敢来这里卖弄？"

神会跪拜表示道歉。

惠能大师又说："如果你自己迷惑不能认识本性，就应当找善知识者请教，指点迷津；如果你已领悟了，就能自己认识自己的本性，依照佛法去修行了。现在你自己心念迷误，不能认识自己的本性，却来问我见与不见。我的见性，我自己知道，怎能代替你解除迷误？你如果有所领悟，也不能代替我解除迷惑。为什么不去自己认识，自己发现自己的佛性，却来问我见与不见呢？"

神会再次向惠能大师施礼，拜了一百多次，谢罪道歉，然后在大师身边勤谨服侍，不离大师左右。

有一天，惠能大师告诉大家："我有一样东西，没有头，没有尾；没有名，没有字；没有后，也没有前，你们能明白吗？"

神会走出来说："是诸佛的本源，也是我神会的佛性。"

惠能大师说："我向你说无名无字，你却说叫做佛的本源，你以后即使有个茅蓬遮身，也只能成为一个有知见和解释禅宗的门徒。"

惠能大师圆寂后，神会去了京师一带，大力弘扬曹溪六祖的顿教法门，著有《显宗记》，流传世间，成为荷泽禅师。

六祖眼看各个宗派的人问难佛法，都心存不善，于是就把他们集合到座下，怜悯地对他们说道："学道的人，对一切善恶念头都应当除掉。当善恶都不去思量的时候，这种境界无以名之，假名为自性，这无二的自性，就叫作真如实性。在真如实性上建立一切教门，言下就应该见到自己的本性。"

大家听了惠能大师的一番开示后，一起施礼，请求侍奉六祖为师。

护法品第九

扫一扫
听坛经诵读

【题解】本品述神龙元年（公元705年），中宗闻其玄风，遣内侍薛简迎请入京，惠能称病不起，诏赐衲衣宝帛，敕韶州刺史修饰宝林寺。在与薛简谈话中，惠能批评京师禅德"欲得会道，必须坐禅习定"的说法，指出："道由心悟，岂在坐也？"

神龙元年上元日①，则天、中宗②诏云："朕请安、秀二师，宫中供养，万机之暇，每究一乘。二师推让云：'南方有能禅师，密授忍大师衣法，传佛心印，可请彼问。'今遣内侍薛简，驰诏迎请，愿师慈念，速赴上京。"

师上表辞疾，愿终林麓。

【注释】①神龙元年上元日：神龙是武则天年号，唐中宗沿用，神龙元年即公元705年。上元日，即阴历正月十五，为上元节。②中宗：高宗太子，武则天之子，名显，又名哲，683年即帝位，即位后当年，被武后废为卢陵王。武后被迫归政后，中宗复位。后因惑于韦后而被弑于神龙殿。

【译文】神龙元年正月十五日，武则天和唐中宗下诏说："朕已经迎请慧安大师和神秀大师到皇宫中供养，在日理万机的空闲时间，向两位大师请教一点佛法。二位大师推让说：'南方有一位惠能大师，受弘忍大师密传的衣钵与佛法，是传佛心印的人，可以向他请教。'现在派遣内侍薛简带着诏书去迎请您，希望大师能大发慈悲，赶快来京城。"

惠能大师向来使呈交了一封称病辞谢的表章，表示愿终身生活在山林。

薛简曰："京城禅德皆云：'欲得会道，必须坐禅习定。若不因禅定而得解脱者，未之有也。'未审师所说法如何？"

师曰："道由心悟，岂在坐也？经云：'若言如来若坐若卧，是行邪道。'何故？无所从来，亦无所去。无生无灭，是如来清净禅①；诸法空寂，是如来清净坐。究竟无证，岂况坐耶？"

简曰："弟子回京，主上必问，愿师慈悲，指示心要，传奏两宫，及京城学道者。譬如一灯燃百千灯，冥者皆明，明明无尽。"

师云："道无明暗，明暗是代谢之义。明明无尽，亦是有尽，相待立名，故《净名经》云：'法无有比，无相待故②。'"

简曰："明喻智慧，暗喻烦恼。修道之人，倘不以智慧照破烦恼，无始生死，凭何出离？"

师曰："烦恼即是菩提，无二无别。若以智慧照破烦恼者，此是二乘见解，羊鹿等机。上智大根，悉不如是。"

简曰:"如何是大乘见解?"

师曰:"明与无明,凡夫见二。智者了达,其性无二。无二之性,即是实性。实性者,处凡愚而不减,在贤圣而不增,住烦恼而不乱,居禅定而不寂。不断不常,不来不去,不在中间及其内外,不生不灭,性相如如,常住不迁,名之曰道。"

简曰:"师说不生不灭,何异外道?"

师曰:"外道所说不生不灭者,将灭止生,以生显灭,灭犹不灭,生说不生。我说不生不灭者,本自无生,今亦不灭,所以不同外道。汝若欲知心要,但一切善恶都莫思量,自然得入清净心体,湛然常寂,妙用恒沙。"

简蒙指教,豁然大悟,礼辞归阙,表奏师语。

【注释】①如来清净禅:《楞伽经》中所说的四种禅之一,简称"如来禅"。②法无有比,无相待故:因为佛法是唯一的实相,不依赖其他条件而存在,所以是不可比拟的。

【译文】薛简说:"京城禅门大德都说:'要想得到佛道的真谛,必须打坐学习禅定,不经过禅定的功夫而获得觉悟解脱的,还从来没有过。'不知道大师对此有何看法?"

惠能大师回答:"佛道只能从自心去悟,哪里能靠坐禅打坐呢?经上说:'如果说佛是从坐、卧中得道,这是在修习邪道。'为什么这么说呢?因为无处可来,也无处可去,没有生也没有灭,这就是如来真正的清净禅。一切法都虚幻空寂,这就是如来真正的清净坐。究竟的真理本来无有一法可证,岂是打坐所能包括的?"

薛简说："弟子回京城后，太后、皇上必定要问我所得，望大师大发慈悲，指示佛法的要旨，以便我上奏太后与皇上，并告诉京师中修习佛道的人。这就像一盏灯又点亮了千百盏灯，让黑暗都变成了光明，光明普照无有穷尽。"

惠能大师说："佛道无所谓光明和黑暗，明暗是相互代谢变化的意思。光明普照无有穷尽，也是有尽头的，因为光明和黑暗是相对而存在的两个名称，所以《净名经》说：'佛法是不能比拟的，因为没有任何事物可以与之相对应。'"

薛简问："光明比喻智慧，黑暗比喻烦恼。修道的人，如果不用智慧去照耀破除烦恼，那无始无终的生死轮回又怎么能解脱呢？"

惠能大师回答："烦恼就是菩提，它们并不是两个东西，二者并没有区别。如果要用智慧去照破烦恼，这是声闻、缘觉二乘初级的看法，羊车、鹿车比喻的机缘根性。上智大根器的人，都不是这样看的。"

薛简问："大乘的见解是什么呢？"

惠能大师回答："光明与黑暗，凡夫俗子们看做两个东西，智慧的人就明白它们没有区别。这无二的性体，就是真如实性。所谓实性，在凡俗的身上不会减少，在圣贤的身上也不会增加，停留在烦恼中不会因此而迷乱，到了禅定的境界中也不会因此而空寂。它是不会中断也不会永恒的，不来也不去的，不在中间，也不在内部或外部，不生也不灭，它的性质和表相如一，总是存在而没有变化，它的名字叫道。"

薛简问："大师所说的不生也不灭，这和外道的说法有什么不同？"

大师说："外道所说的不生也不灭，是要用灭来停止生，用生来显示灭，这样的灭等于不灭，这样的生也只是说不生。我所说的不生不灭，是指佛性本就没有生，现在也不会灭，所以和外道不同。你如果要想获得佛法要领，只要对一切善和恶都不思考，自然就进入清净心体了，那时你就清湛宁静，妙用像恒河里的沙粒一样无穷无尽。"

薛简得到惠能大师指教，豁然开悟，行礼告别大师。返回宫中，把六祖所说上奏皇上。

其年九月三日，有诏奖谕师曰："师辞老疾，为朕修道，国之福田。师若净名托疾毗耶，阐扬大乘，传诸佛心，谈不二法。薛简传师指授如来知见，朕积善余庆，宿种善根，值师出世，顿悟上乘，感荷师恩，顶戴无已。"并奉磨衲袈裟①及水晶钵，勒韶州刺史修饰寺宇，赐师旧居为国恩寺。

【注释】①磨衲袈裟：一种名贵的袈裟，据说是高丽国（朝鲜）所出产。

【译文】那一年九月三日，朝廷下诏褒奖惠能大师说："惠能大师因年老多病而辞谢进宫召请，他留在民间为朕修行佛道，这是在为国家种福田修功德。大师就像《净名经》里的维摩居士一样，托病在毗耶城，阐扬大乘教法，传授诸佛的心印，宣讲不二的法门。薛简带回了大师传授的如来智慧，朕多年行善积德，种下善根，才有这样的果报，幸遇大师出世，让朕顿悟了上乘的智慧。感谢大师的恩惠，感激无限。奉上磨衲袈裟和水晶钵，敕命韶州刺史重修佛寺，并赐名大师旧居寺庙为国恩寺。"

付嘱品第十

扫一扫
听坛经诵读

【题解】作为全书的结尾，本品由六祖对禅宗大法进行了总结，并提出了指导说法的"三十六对"。其具体方法尽管很多，根本精神则为"出入即离两边"，也就是"外于相离相，内于空离空"，实际上仍是反观自性的悟道法："不生爱憎"，"不念利益成坏"，"安闲恬静，虚融澹泊"，"行住坐卧，纯一直心，不动道场，真成净土"。所以禅宗虽说是"教外别传"，但根本上与净土宗是一致的："心净则土净，心不净则土不净。"这是我们学习《坛经》必须明了的问题。如何将顿渐结合，禅净共修，使我们有更大的受益。学《坛经》要有平等心，大小菩萨都一律平等，都无我相。无我才能平等，大家无我，同一法界。

大师指出，自性发挥作用，才能对于外相而不执著，对于内空也不执著，从而得到自在。大师最后的开示，是讲众生与佛性的关系。

师一日唤门人法海、志诚、法达、神会、智常、智通、志彻、志道、法珍、法如等，曰："汝等不同余人，吾灭度后，各为一方师。吾今教汝说法，不失本宗。

"先须举三科法门，动用三十六对，出没即离两边，说一切法，莫离自性。忽有人问汝法，出语尽双，皆取对法，来去相因。究竟二法尽除，更无去处。

"三科法门者，阴、界、入也。阴是五阴：色、受、想、行、识是也。入是十二入，外六尘：色、声、香、味、触、法；内六门：眼、耳、鼻、舌、身、意是也。界是十八界，六尘、六门、六识是也。自性能含万法，名含藏识①。若起思量，即是转识②。生六识，出六门，见六尘，如是一十八界，皆从自性起用。"

【注释】①含藏识：即藏识，此识是含藏诸法的种子，八识中的第八识，阿赖耶识。②转识：即末那识，也称执我识或计执识。八识中的第七识，为第六识之根。

【译文】有一天，惠能大师叫来门徒法海、志诚、法达、神会、智常、智通、志彻、志道、法珍、法如等人，对他们说："你们和其他人不同，等到我圆寂以后，你们要各自成为一方的宗师。我现在教授你们怎样宣讲佛法，才不失去本门的宗旨。

"讲佛法时，先要举出三科法门，运用三十六对相对法，出没于相对的两边，说一切法时，都不要离开自性。假如突然有人向你请教佛法，回答时要语义双关，都要用相对法，来和去互为因果。最终连生灭、有无两边的差别对待也要予以消泯，不执著任何一面。

"所谓三科法门，就是指的阴、界、入。阴是五阴：即色、受、想、行、识。入就是十二入，就是身外的'色、声、香、味、触、法'六尘，和身体的'眼、耳、鼻、舌、身、意'六门。界是十八界，就是六尘、六门、六识的合称。自性能含育万法，所以叫做含藏识。如果起了分别思量，就是转识。这时就会生六识，出六门，见六尘，像这样的十八界，都是从自己的自性中发生和运用的。"

"自性若邪，起十八邪；自性若正，起十八正。若恶用即众生用，善用即佛用，用由何等？由自性有。

"对法外境，无情五对①：天与地对，日与月对，明与暗对，阴与阳对，水与火对，此是五对也。

"法相语言十二对②：语与法对③，有与无对，有色与无色对，有相与无相对，有漏与无漏对，色与空对，动与静对，清与浊对，凡与圣对，僧与俗对，老与少对，大与小对，此是十二对也。

"自性起用十九对：长与短对，邪与正对，痴与慧对，愚与智对，乱与定对，慈与毒对，戒与非对，直与曲对，实与虚对，险与平对，烦恼与菩提对，常与无常对，悲与害对，喜与瞋对，舍与悭对，进与退对，生与灭对，法身与色身对，化身与报身对，此是十九对也。"

师言："此三十六对法，若解用，即道贯一切经法，出入即离两边。"

【注释】①外境，无情五对：外在的、无情的自然境物，相对的有五种。②法相语言十二对：事物的相状和所用的概念名词，相对的有十二种。③语与法对：语言和佛法相对。

【译文】"自己的本性如果邪恶，就会生起十八种邪恶；自己的本性如果正派，就会生起十八种良好的品行。如果被恶念所用，那就是众生的行为；如果被善念所用，就是佛的行为。被恶念所用还是被善念所用，来自哪里呢？是由自己的本性所决定的。

"外界的相对，有无情五对：天与地相对，日与月相对，明与暗相对，阴与阳相对，水与火相对，这是五对。

"法相语言有十二对：语与法对，有与无对，有色与无色对，有相与无相对，有漏与无漏对，色与空对，动与静对，清与浊对，凡与圣对，僧与俗对，老与少对，大与小对，这是十二对。

"从自己的本性发生作用的有十九对：长与短对，邪与正对，痴与慧对，愚与智对，乱与定对，慈与毒对，戒与非对，直与曲对，实与虚对，险与平对，烦恼与菩提对，常与无常对，悲与害对，喜与瞋对，舍与悭对，进与退对，生与灭对，法身与色身对，化身与报身对，这就是十九对。"

惠能大师说："这三十六对相对法，你们如果能理解，并灵活运用，就能贯通一切佛法与经典，进退都能不执两边、脱离两个极端。"

"自性动用，共人言语，外于相离相，内于空离空①。若全著相，即长邪见；若全执空，即长无明。执空之人有谤经，直言不用文字。既云不用文字，人亦不合语言，只此语言，便是文字之相。又云直道不立文字②，即此'不立'两字，亦是文字。见人所说，便即谤他言著文字。汝等须知，自迷犹可，又谤佛经。不要谤经, 罪障无数。

"若著相于外, 而作法求真。或广立道场, 说有无之过患。如是之人, 累劫不得见性。但听依法修行, 又莫百物不思, 而于道性窒碍。若听说不修, 令人反生邪念; 但依法修行, 无住相法施。汝等若悟, 依此说, 依此用, 依此行, 依此作, 即不失本宗。

"若有人问汝义, 问有将无对, 问无将有对, 问凡以圣对, 问圣以凡对; 二道相因, 生中道义。

"如一问一对, 余问一依此作, 即不失理也。设有人问: '何名为暗?'答云:'明是因, 暗是缘, 明没则暗。以明显暗, 以暗显明。来去相因, 成中道义。'余问悉皆如此。汝等于后传法, 依此转相教授, 勿失宗旨。"

【注释】①外于相离相, 内于空离空: 对外在事物不应执著于其相状, 对内在心念则不应执著于空无。②直道不立文字: 直道, 正确的教法。意思是理解正确的教法, 不借助语言文字, 直接成就佛道。

【译文】"真如自性随缘起用, 和人言谈时, 对外要能即于一切相而不执著一切相, 对内要能即空而不执著空。如果完全著相, 就会助长邪见; 如果完全着空, 就会增长无明。执著空见的人, 有的诽谤佛经, 肯定地说'不用文字'。既然说不用文字, 那么人也不应该有语言, 因为这语言本身就是文字的相。又说'直指之道不立文字', 就是这'不立'两个字, 也是文字。又见到别人在说法, 就诽谤别人所说的是在执著文字。你们应该知道! 自己执迷还罢了, 又诽谤佛经。

千万不可诽谤经法，否则将造下无量无边的罪业！

"如果外着于相，而造作有为法来寻求真道；或者到处建立道场，而辩论有无的过患，像这样的人，即使历经多劫也不可能明心见性。只许依照正法修行，又不可什么都不想，这样反将造成佛道上的障碍。如果只是听人说法而不实地修行，反而会使人生起邪念。因此要依照正法修行，说法不要住相。你们如果能够悟解，并且依照这样去说、去用、去行、去作，就不会失去我派的根本宗旨了。

"如果有人问佛法的意义，问'有'，就用'无'来答；问'无'，就用'有'来答；问'凡'，就用'圣'来答；问'圣'，就用'凡'来答。两道互为因果，就产生了保持在中道的意义。

"像这样一问一对，其余的问题也完全依照这样作答，就不会失却中道的理体了。假如有人问：'什么叫暗？'就回答：'明就是因，暗就是缘，光明消失了就是暗。以光明去显示黑暗，用黑暗显示光明，一来一回相互为因，而成中道义理。'其他问题也都像这样回答。你们今后传授佛法，就这样转相教授，不要失却顿门宗旨。"

师于太极元年壬子，延和七月①，命门人往新州国恩寺建塔，仍令促工。次年夏末落成。七月一日，集徒众曰："吾至八月，欲离世间。汝等有疑，早须相问，为汝破疑，令汝迷尽。吾若去后，无人教汝。"

法海等闻，悉皆涕泣。惟有神会，神情不动，亦无涕泣。

师云："神会小师②，却得善不善等，毁誉不动，哀乐不生，余者不得。数年山中，竟修何道？汝今悲泣，为忧阿谁③？

若忧吾不知去处，吾自知去处。吾若不知去处，终不预报于汝。汝等悲泣，盖为不知吾去处。若知吾去处，即不合悲泣。法性本无生灭、去来。汝等尽坐，吾与汝说一偈，名曰《真假动静偈》，汝等诵取此偈，与吾意同。依此修行，不失宗旨。"

众僧作礼，请师作偈，偈曰：

一切无有真，不以见于真。若见于真者，是见尽非真。

若能自有真，离假即心真。自心不离假，无真何处真。

有情即解动，无情即不动。若修不动行，同无情不动。

若觅真不动，动上有不动。不动是不动，无情无佛种。

能善分别相，第一义不动。但作如此见，即是真如用。

报诸学道人，努力须用意。莫于大乘门，却执生死智。

若言下相应，即共论佛义。若实不相应，合掌令欢喜。

此宗本无诤，诤即失道意。执逆诤法门，自性入生死。

【注释】①太极元年壬子，延和七月：太极是唐睿宗的年号，太极元年是公元712年，那一年的农历纪年是壬子。延和也是唐睿宗的年号，公元712年五月以前为太极，五月以后改名延和，说到七月故名延和七月。②小师：受具足戒未满十年的出家人。也是师傅对弟子的称呼。③阿谁：即谁。

【译文】大师在太极元年，岁在壬子，延和七月，命令门徒到新州国恩寺建塔，并督促尽早完工。第二年夏末，塔建成了。这年七月一日，大师召集门徒说："我到八月份要离开人世。你们有什么疑问，尽早来问，我还能为你们解疑答难，让你们的迷惑得以消除。我走了以后，就没有人再教你们了。"

法海等人听完这番话后，都哭泣起来。只有神会，不动声色，也不哭泣。

惠能大师说："神会小禅师，只有你达到了无善无不善，毁誉不惊，哀乐俱不动心的境界，其他人都没有达到。你们在山里修行了好几年，到底修得了什么呢？你们现在悲哀哭泣，是为谁感到忧伤呢？如果担忧我不知往哪里去，我自己是知道我要到什么地方去的。如果我不知道去处，也就不会预先告诉你们了。你们悲哀哭泣，是因为不知道我将去哪儿，如果知道我的去处，就不应该悲哀哭泣。佛法本来就是讲究既没有生也没有死，既没有去也没有来。你们都坐下，我给你们说一篇偈语，名叫《真假动静偈》。你们记诵这篇偈语，就会和我心心相印，照它修行，就不会失去宗旨。"

于是众位僧人一起致礼，请惠能大师念偈，这篇偈语说：

一切无有真，不以见于真。若见于真者，是见尽非真。

若能自有真，离假即心真。自心不离假，无真何处真。

有情即解动，无情即不动。若修不动行，同无情不动。

若觅真不动，动上有不动。不动是不动，无情无佛种。

能善分别相，第一义不动。但作如是见，即是真如用。

报诸学道人，努力须用意。莫于大乘门，却执生死智。

若言下相应，即共论佛义。若实不相应，合掌令欢喜。

此宗本无诤，诤即失道意。执逆诤法门，自性入生死。

时，徒众闻说偈已，普皆作礼。并体师意，各各摄心①，依法修行，更不敢诤。乃知大师不久住世，法海上座，再拜问曰：

"和尚入灭之后，衣法当付何人？"

师曰："吾于大梵寺说法，以至于今，抄录流行，目曰《法宝坛经》。汝等守护，递相传授，度诸群生。但依此说，是名正法。今为汝等说法，不付其衣，盖为汝等信根淳熟，决定无疑，堪任大事。然据先祖达摩大师付授偈意，衣不合传。偈曰：

吾本来兹土，传法救迷情。

一华开五叶，结果自然成。"

【注释】①摄心：谓心专注于一境，令不昏沉散乱。

【译文】当时，众门徒听了偈语后，大家都礼赞不已，体会了师父说的微言大义，都收摄浮躁之心，依照这个法门修行，不再有争执了。大家知道大师不会久留世间了，首座法海再次施礼问道："师父去世以后，衣钵和佛法将交付给什么人？"

大师说："我从大梵寺讲说佛法开始，一直到今天，大家抄录传播，名叫《法宝坛经》。你们要好好护守此经，代代相传，超度众生，按《坛经》这部佛经修行，就是真正的佛法。我现在给你们解说佛法，不再传授袈裟，因为你们的根基已经很牢固，不再有任何动摇，可以胜任传授佛法的大任。根据先祖菩提达摩大师所传授的偈子的意思，袈裟也不应该再传下去了。达摩大师的偈子是：

吾本来兹土，传法救迷情。

一华开五叶，结果自然成。"

师复曰："诸善知识，汝等各各净心，听吾说法：若欲成就种智①，须达一相三昧、一行三昧。若于一切处而不住相，于彼相中不生憎爱，亦无取舍，不念利益成坏等事，安闲恬静，虚融澹泊，此名一相三昧。若于一切处，行住坐卧，纯一直心，不动道场，真成净土，此名一行三昧。若人具二三昧，如地有种，含藏长养，成熟其实。一相一行，亦复如是。

我今说法，犹如时雨，普润大地。汝等佛性，譬诸种子，遇兹霑洽②，悉得发生。承吾旨者，决获菩提，依吾行者，定证妙果。听吾偈曰：

心地含诸种，普雨悉皆萌。

顿悟华情已，菩提果自成。"

师说偈已，曰："其法无二，其心亦然。其道清净，亦无诸相。汝等慎勿观静，及空其心。此心本净，无可取舍，各自努力，随缘好去。"

尔时，徒众作礼而退。

【注释】①种智：指佛的智慧，是指达到无所不知的境地。②霑洽：指滋润。

【译文】惠能大师又说："各位善知识！你们要各自清净自己的心，听我讲说佛法。你们如果要成就佛的一切智慧，必须通达一相三昧和一行三昧。如果能够在任何地方都不执著于表面现象，对于这些形相不生爱憎之情，也没有取此舍彼的倾向，不考虑利益得失等事情，总是安闲宁静，超然淡泊，这就叫一相三昧。如果能在一切情况下，行住坐卧，都能保持一种纯洁正直的心境，从而在内心建立起境随心转的不动道场，当下成就真实净土，这就叫一行三昧。如果一个人具备了这两种三昧，就会像在土地上播下了种子一样，在地底发育，破土而出继续生长，最后结出果实。一相三昧和一行三昧的道理，也是这样。

我现在给你们讲说佛法，就像是适时春雨，普遍滋润大地，你们本有佛性，就像是种子，遇到了雨露滋养，都能发芽生长。凡是继承我的宗旨的，必然会获得智慧，依照我的教导修行的，肯定成就妙谛正果。

请听我再念偈子：

> 心地含诸种，普雨悉皆萌。
> 顿悟华情已，菩提果自成。"

大师念完了诗颂以后又说："佛法没有二法，心也一样，它的本质是清净的，原本没有什么可以执著。你们要谨慎，不要有意沉溺于静止和空无的境界，要知道这颗心本来就是清净的，没有什么可取和可舍的。你们各自努力上进吧，各随缘法好自为之吧。"

当时，众门徒听了以后，向大师行礼致谢，退了出去。

大师七月八日，忽谓门人曰："吾欲归新州，汝等速理舟楫。"

大众哀留甚坚。

师曰："诸佛出现，犹示涅槃。有来必去，理亦常然。吾此形骸，归必有所。"

众曰："师从此去，早晚可回？"

师曰："叶落归根，来时无口。"

又问曰："正法眼藏，传付何人？"

师曰："有道者得，无心者通。"

又问："后莫有难否？"

师曰："吾灭后五六年，当有一人来取吾首。听吾记曰：
头上养亲，口里须餐。遇满之难，杨柳为官。"

又云："吾去七十年，有二菩萨，从东方来，一出家，一在
家。同时兴化，建立吾宗。缔缉伽蓝①，昌隆法嗣。"

问曰："未知从上佛祖应现已来，传授几代。愿垂开
示。"

师云："古佛应世，已无数量，不可计也。今以七佛为始：
过去庄严劫②毗婆尸佛，尸弃佛，毗舍浮佛。今贤劫③拘留孙
佛，拘那含牟尼佛，迦叶佛，释迦文佛，是为七佛。已上七佛，
今以释迦文佛首传。第一摩诃迦叶尊者，第二阿难尊者，第
三商那和修尊者，第四优波毱多尊者，第五提多迦尊者，第
六弥遮迦尊者，第七婆须蜜多尊者，第八佛驮难提尊者，第九
伏驮蜜多尊者，第十胁尊者，十一富那夜奢尊者，十二马鸣大
士，十三迦毗摩罗尊者，十四龙树大士，十五迦那提婆尊者，
十六罗睺罗多尊者，十七僧伽难提尊者，十八伽耶舍多尊者，
十九鸠摩罗多尊者，二十阇耶多尊者，二十一婆修盘头尊者，
二十二摩拏罗尊者，二十三鹤勒那尊者，二十四师子尊者，

二十五婆舍斯多尊者，二十六不如蜜多尊者，二十七般若多罗尊者，二十八菩提达摩尊者，二十九慧可大师，三十僧璨大师，三十一道信大师，三十二弘忍大师，惠能是为三十三祖。从上诸祖，各有禀承。汝等向后，递代流传，毋令乖误。"

【注释】①伽蓝：梵语僧伽蓝摩之省，意为佛寺。②庄严劫：三世之三大劫中，过去之大劫，名庄严劫。③贤劫：现在之住劫，名为贤劫。现在之住劫二十增减中，有千佛出世，故名贤劫。

【译文】七月八日，惠能大师忽然对门徒说："我想要回新州，你们赶快准备船只。"

弟子们苦苦哀求挽留。

惠能大师说："诸佛出世，也都要示现涅槃。有来必然有去，这是常理。我的这一具肉体形骸，也要回到应该去的地方。"

弟子们说："大师从此一去，什么时候才能回来？"

惠能大师说："叶落必归根，来时没法说。"

弟子又问："禅学正法，将传给谁？"

惠能大师说："有道的人会得到，修到不动心境界的人会通晓。"

大家又问："以后您还会有劫难吗？"

惠能大师说："我去世后五六年，会有一人来偷取我的头。你们听我说预言：

头上养亲，口里须餐。遇满之难，杨柳为官。"

大师又说："我去世后七十年，会有两位菩萨，从东方来，一个出家，一个在家，同时兴起，光大我的宗门，大修庙宇伽蓝，使佛法昌盛兴隆。"

众门徒又问："不知从最早的佛祖应世出现以来，到现在已经传授了多少代？望大师告知。"

大师回答道："从远古以来，佛代代应世出现，已经多得不可胜数了。现在从七佛算起，在过去世的庄严劫中，有毗婆尸佛、尸弃佛、毗舍浮佛，在现在的贤劫时有拘留孙佛、拘那含牟尼佛、迦叶佛、释迦文佛，这就是七佛。

现在以释迦牟尼佛为首传，依次传递：第一代是摩诃迦叶尊者，第二代是阿难尊者，第三代是商那和修尊者，第四代是优波毱多尊者，第五代是提多迦尊者，第六代是弥遮迦尊者，第七代是婆须蜜多尊者，第八代是佛驮难提尊者，第九代是伏驮蜜多尊者，第十代是胁尊者，第十一代是富那夜奢尊者，第十二代是马鸣大士，第十三代是迦毗摩罗尊者，第十四代是龙树大士，第十五代是迦那提婆尊者，第十六代是罗睺罗多尊者，第十七代是僧迦难提尊者，第十八代是迦耶舍多尊者，第十九代是鸠摩罗多尊者，第二十代是阇耶多尊者，第二十一代是婆修盘头尊者，第二十二代是摩拏罗尊者，第二十三代是鹤勒那尊者，第二十四代是师子尊者，第二十五代是婆舍斯多尊者，第二十六代是不如蜜多尊者，第二十七代是般若多罗尊者，第二十八代是菩提达摩尊者，第二十九代是慧可大师，第三十代是僧璨大师，第三十一代是道信大师，第三十二代是弘忍大师，惠能是第三十三祖。以上各代祖师，各有师徒相承关系。你们往后也要代代相传，不可有误。"

大师先天二年①癸丑岁，八月初三日，于国恩寺斋罢，谓诸徒众曰："汝等各依位坐，吾与汝别。"法海白言："和尚留何教法，令后代迷人得见佛性？"师言："汝等谛听，后代迷人，若识众生，即是佛性。若不识众生，万劫觅佛难逢。吾今教汝，识自心众生，见自心佛性。欲求见佛，但识众生。只为众生迷佛，非是佛迷众生。自性若悟，众生是佛；自性若迷，佛是众生。自性平等，众生是佛；自性邪险，佛是众生。汝等心若险曲，即佛在众生中；一念平直，即是众生成佛。我心自有佛，自佛是真佛，自若无佛心，何处求真佛？汝等自心是佛，更莫狐疑。外无一物而能建立，皆是本心生万种法。故经云：心生种种法生，心灭种种法灭。吾今留一偈，与汝等别，名《自性真佛偈》，后代之人识此偈意，自见本心，自成佛道。偈曰：

真如自性是真佛，邪见三毒是魔王。

邪迷之时魔在舍，正见之时佛在堂。

性中邪见三毒生，即是魔王来住舍。

正见自除三毒心，魔变成佛真无假。

法身报身及化身，三身本来是一身。

若向性中能自见，即是成佛菩提因。

本从化身生净性，净性常在化身中。

性使化身行正道，当来圆满真无穷。

淫性本是净性因，除淫即是净性身。

性中各自离五欲，见性刹那即是真。

今生若遇顿教门，忽悟自性见世尊。

若欲修行觅作佛，不知何处拟求真。

若能心中自见真，有真即是成佛因。

不见自性外觅佛，起心总是大痴人。

顿教法门今已留，救度世人须自修。

报汝当来学道者，不作此见大悠悠。"

【注释】①先天二年：先天是唐玄宗年号，先天二年是公元713年（同年先天改开元，故也是开元元年），农历是癸丑年。

【译文】先天二年，岁在癸丑，八月初三，大师在国恩寺吃完斋饭后，对弟子说："你们各自依次坐好，我要与你们道别了。"法海说："和尚留下什么教法，让后代迷惑的人可以识见佛性呢？"大师回答说："你们仔细听着：后代的迷惑不悟之人，如果能够认识众生，就能识见佛性。如果不能认识众生，那么即使经历千万劫数，也难以寻觅到佛性。我现在就教你们认识自己心中的众生，识见自己心中的佛性。要想求得佛性，只有认识众生。因为是众生难以认识佛，不是佛不认识众生。自己的本性如果觉悟了，众生就是佛；自己的本性如果迷惑，佛也是众生。自己的本性平等无二，众生就是佛；自己的本性如果是邪恶险诈的，佛也是众生。你们如果心存险诈曲折，那么佛也会立刻变成众生；如果一念平等正直，那众生就都变成了佛。我的心中本来有佛性，自己心中的佛才是真正的佛，自己如果没有佛心，又到哪里去求真正的佛呢？你们自己的心就是佛，对此不要再有丝毫怀疑。自心之外没有一物能建立，因为万事万物都是由本心所起用的。所以经文上说：'心生种种法生，心灭种种法灭。'我现在留下一篇偈语，向你们告别，叫做《自性真佛偈》，后代的人能懂得这篇偈语的意思，自然就认知自己的本心而自己成就佛道了。偈语是：

真如自性是真佛，邪见三毒是魔王。

邪迷之时魔在舍，正见之时佛在堂。

性中邪见三毒生，即是魔王来住舍。

正见自除三毒心，魔变成佛真无假。

法身报身及化身，三身本来是一身。

若向性中能自见，即是成佛菩提因。

本从化身生净性，净性常在化身中。

性使化身行正道，当来圆满真无穷。

淫性本是净性因，除淫即是净性身。

性中各自离五欲，见性刹那即是真。

今生若遇顿教门，忽遇自性见世尊。

若欲修行觅作佛，不知何处拟求真。

若能心中自见真，有真即是成佛因。

不见自性外觅佛，起心总是大痴人。

顿教法门已今留，救度世人须自修。

报汝当来学道者，不作此见大悠悠。"

师说偈已，告曰："汝等好住，吾灭度后，莫作世情悲泣雨泪，受人吊问，身著孝服，非吾弟子，亦非正法。但识自本心，见自本性，无动无静，无生无灭，无去无来，无是无非，无住无往。恐汝等心迷，不会吾意，今再嘱汝，令汝见性。吾灭度后，依此修行，如吾在日。若违吾教，纵吾在世，亦无有益。"

复说偈曰：

"兀兀①不修善，腾腾②不造恶。

寂寂断见闻，荡荡心无著。"

师说偈已，端坐至三更，忽谓门人曰："吾行矣。"奄然迁化③。

于时异香满室，白虹属地。林木变白，禽兽哀鸣。

【注释】①兀兀：不动的样子。②腾腾：自在无为的样子。③奄然迁化：奄然，忽然。迁化，逝世的别称。意指溘然而逝。

【译文】惠能大师念完偈语以后，对大家说："你们好好珍重吧，我圆寂后，不要像世俗人那样悲伤哭泣泪如雨下。如果接受他人的吊唁，身上披麻戴孝，就不是我的弟子，也不符合真正的佛法。只要认识自己的本心，发现自己本具的佛性，那就达到了既无动也无静，既无生也无灭，既无去也无来，既无是也无非，既无住也无往的境界。我怕你们心念迷误，不懂我的意思，现再次嘱咐你们，让你们认识自己本具的佛性。我圆寂后，你们照此修行，就像我在世的时候一样；如果你们违背了我的顿教法门，即使我还在世，对你们也没有什么益处。"惠能大师又说了一首偈语："兀兀不修善，腾腾不造恶。寂寂断见闻，荡荡心无著。"

惠能大师说完偈语后，端坐到半夜三更，忽然对弟子们说："我走了。"然后溘然长逝。

此时有一股异香充满法堂,一道白虹接天贯地,山林树木霎时变白,禽兽发出哀鸣为大师送行。

十一月,广、韶、新三郡官僚,洎①门人僧俗,争迎真身,莫诀所之,乃焚香祷曰:"香烟指处,师所归焉。"

时香烟直贯曹溪。

十一月十三日,迁神龛并所传衣钵而回。

次年七月二十五日出龛,弟子方辩以香泥上之。

门人忆念取首之记,遂先以铁叶漆布,固护师颈入塔。忽于塔内白光出现,直上冲天,三日始散。

韶州奏闻,奉勅立碑,纪师道行。师,春秋七十有六,年二十四传衣,三十九祝发②,说法利生三十七载,得旨嗣法者四十三人。悟道超凡者,莫知其数。达摩所传信衣,中宗赐磨衲宝钵,及方辩塑师真相并道具等,主塔侍者尸之,永镇宝林道场。流传《坛经》,以显宗旨,兴隆三宝,普利群生者。

【注释】①洎:通"及"。②祝发:剃发出家。后世通称佛教的削发受戒为僧叫"祝发"。

【译文】十一月,广州、韶州、新州三州官员僚属,以及门徒和僧俗两界的许多人,争着要把惠能大师真身迎回本地,争执不下,正在无法做出决定时,于是烧香祈祷说:"香烟飘动指向的地方,就是大师愿意归去的所在。"

当时，香烟直接指向曹溪山。

十一月十三日，弟子们把装有大师遗体的神龛和大师留下的衣钵等物，都迁回了曹溪山宝林寺供奉。

第二年七月二十五日，把大师从神龛中请出，弟子方辩用香泥包裹了遗体。

弟子们想起大师曾有将被偷掉头颅的预言，就先用铁做的叶片和油漆了的布，把大师的头颅包裹好，再送入佛塔。六祖真身入塔时，塔内忽然射出白光，从塔内直接冲到天上，过了三天才消失。

韶州刺史将惠能大师的事迹向朝廷上表奏闻，接到圣旨为惠能大师立碑，记录大师道行。惠能大师在世七十六年，二十四岁时接受弘忍大师衣钵、佛法，三十九岁时正式落发出家。讲说佛法，普度众生，前后三十七年。得到惠能大师真传并继承法脉的弟子，一共四十三人。其他悟道超凡的人，不知其数。达摩祖师所传作为信物的袈裟，唐中宗所赐磨衲袈裟与水晶钵盂，以及方辩塑造的大师真像，还有大师用过的法物等，都在塔内由管理塔的侍者负责保管，永镇宝林寺。广为传布的《坛经》，显示顿教的宗旨，兴盛昌隆佛、法、僧三宝，普遍利益一切众生。

谦德国学文库丛书

（已出书目）

茶经·续茶经	虞初新志
唐诗三百首	迪吉录
宋词三百首	浮生六记
元曲三百首	文心雕龙
小窗幽记	幽梦影
菜根谭	东京梦华录
围炉夜话	阅微草堂笔记
呻吟语	说苑
人间词话	竹窗随笔
古文观止	国语
黄帝内经	日知录
五种遗规	帝京景物略
一梦漫言	子不语
楚辞	水经注
说文解字	徐霞客游记
资治通鉴	聊斋志异
智囊全集	清代三大尺牍: 小仓山房尺牍
酉阳杂俎	清代三大尺牍: 秋水轩尺牍
商君书	清代三大尺牍: 雪鸿轩尺牍
读书录	孔子家语
战国策	贤母录
吕氏春秋	张岱文集: 陶庵梦忆
淮南子	张岱文集: 西湖梦寻
营造法式	张岱文集: 快园道古
韩诗外传	群书类编故事
长短经	管子